Hans-Helmuth Knütter

Die Faschismus-Keule

Das letzte Aufgebot der deutschen Linken

Ullstein

2. Auflage 1994

Ullstein Report
Ullstein Buch Nr. 36618
im Verlag Ullstein GmbH,
Frankfurt/M – Berlin

Originalausgabe

© 1993 by Verlag Ullstein GmbH,
Frankfurt/M – Berlin
Alle Rechte vorbehalten
Umschlagentwurf:
Hansbernd Lindemann
Herstellung: Ditmar Bernhardt
Gesamtherstellung:
Ebner Ulm
Printed in Germany 1994
ISBN 3 548 36618 X

Gedruckt auf alterungsbeständigem
Papier mit chlorfrei
gebleichtem Zellstoff

Die Deutsche Bibliothek –
CIP-Einheitsaufnahme

Knütter, Hans-Helmuth:
Die Faschismus-Keule: das letzte Aufgebot
der deutschen Linken / Hans-Helmuth
Knütter. – Orig.-Ausg. – Frankfurt/M;
Berlin: Ullstein, 1993
   (Ullstein-Buch; Nr. 36618;
   Ullstein-Report)
   ISBN 3-548-36618-X
NE: GT

Inhalt

Dokumente 175

Vorwort

Die Wiedervereinigung und der Zusammenbruch des Sozialismus 1989 bis 1991 wurden von der Linken als Niederlage empfunden. Die Gewißheit, in Übereinstimmung mit den historischen Gesetzmäßigkeiten zu handeln, wurde durch diese Ereignisse schwer erschüttert. Durch die Thematisierung der kommunistischen Verbrechen bestand zudem die Möglichkeit, daß die Annäherung, die das politische Establishment der Bundesrepublik und erhebliche Teile der Medien lange Zeit mit den Linksaußen-Kräften praktizierten, aufgehoben würde.

Es gab Hoffnungszeichen dafür, daß die der CDU, FDP und SPD nahestehenden Meinungsführer in Wissenschaft und Politik, die über Jahre hinweg den »real existierenden Sozialismus« anerkannt und sich an ihn angenähert hatten, nun verstärkt auf Distanz zur extremen Linken gingen. Die »Anerkennung der Realitäten« war nun auf einmal nicht mehr zeitgemäß. Die Einheitsfront der »fortschrittlichen« Kräfte, die in den Kampagnen gegen Berufsverbote und Nachrüstung ihre Wirksamkeit so überzeugend bewiesen hatte, schien gefährdet. In dieser Situation kamen die Wahlerfolge rechter und rechtsextremer Parteien und die Anschläge gegen Ausländer für Teile der Linken wie gerufen. Man besann sich auf eine alte, aber sehr wirksame Bündnis- und Propagandastrategie, nämlich den »Antifaschismus«.

Der Antifaschismus hat gegenüber früheren Jahrzehnten an theoretischem Gehalt verloren. Faschismustheorien spielen seit 1989/1990 im Linksextremismus keine Rolle mehr. Eine Verengung auf antifaschistische Schlagworte (Antirassismus, Antisexismus, Gegnerschaft gegen Ausländerfeindlichkeit) ist zu beobachten. Die aktionistische Komponente hat im gleichen Maß zugenommen wie die theoretische an Bedeutung verloren hat. Ungeistigkeit und Aktionismus gehen insofern Hand in Hand, als Aktionismus Bedenkenlosigkeit voraussetzt. Je primitiver, desto hemmungsloser. Intellektualität schafft Bedenken.

Diese Einschätzung muß notwendigerweise zu der Folgerung führen, daß ein aktionistisch-anarchistischer Antifaschismus wegen seiner Primitivität doch eigentlich ungefährlich sei. Dies war richtig – der Antifaschismus wird keinen Erfolg haben, wohl aber Wirkung zeitigen. Seine Bedeutung gewinnt er durch die Werteunsicherheit seiner Gegner, deren Schwäche und Opportunismus dem »Antifaschismus« eine Bedeutung verschaffen, die ihm von der Substanz her nicht zukommt.

Besonders betrüblich ist der Opportunismus der etablierten politischen Kräfte, die immer wieder behaupten, den Extremismus von links und rechts gleichermaßen zu bekämpfen. Zwar hat der Rechtsextremismus seit 1989/90 an Bedeutung zugenommen, aber nicht, weil er in politischer, organisatorischer und ideologischer Hinsicht stärker geworden wäre, sondern weil der Linksextremismus an Gewicht und Einfluß zunächst verloren hatte. Nach wie vor ist der Rechtsextremismus konzeptionell schwach und gesellschaftlich geächtet. Insbesondere in Kreisen der Medien-Intellektuellen, die mit dem Anspruch der Meinungsführerschaft auftreten.

Anders verhält es sich mit dem Linksextremismus. Trotz der Pleite von 1989/91 ist er besser organisiert, in meinungsführenden Teilen der Gesellschaft anerkannt. Vor allem dann, wenn er hedonistisch, antistaatlich und antifaschistisch auftritt, ideologisch durch den Antifaschismus gegen Kritik immunisiert. Das Netzwerk der Sympathisanten reicht

8

bis in die etablierten Parteien und Medien, Schulen und Universitäten hinein. So gesehen ist der Linksextremismus trotz des schweren Rückschlages, den er 1989/91 erlitten hat, nach wie vor gefährlicher. Es ist kurzsichtig, den Blick ausschließlich auf den (relativen) Anstieg des Rechtsextremismus seit 1990 zu richten. Er verdankt nicht ihm seine Stärke, sondern der Schwächung seiner Feinde. Wenn es zutrifft, daß die Zahl rechtsextremer Gewalttaten die der linken übersteigt, darf doch nicht übersehen werden, daß vor 1989 die Linksextremen mindestens zwei Jahrzehnte lang das Monopol auf dem Gebiet der politischen Kriminalität hatten. Jene, die bei der Bewältigung der nationalsozialistischen Vergangenheit gerne von Verdrängung reden, verdrängen diese Tatsache selbst.

Der Opportunismus der CDU/CSU ist für diese Situation mitverantwortlich. Gebannt starrt die Union auf die rechte Konkurrenz, die ihr weitere Wähler abwerben könnte. Deshalb bekämpft sie voller Konkurrenzangst alle rechten und rechtsextremen Parteien, was zusätzlich noch den Nebeneffekt hat, Angriffen auf die CDU/CSU wegen eigener Rechtstendenzen entgegentreten zu können.

Die Linksextremen stellen für die CDU/CSU keine Konkurrenz um Wählerstimmen dar. Sie erzielen bestenfalls kurzfristige taktische Erfolge. Zugleich aber wird der Linksextremismus verharmlost und erscheint als weniger gefährlich, ja sogar als akzeptabel. Politik wird durch Taktik ersetzt. Kurzfristiges opportunistisches Denken von Wahl zu Wahl tritt an die Steller langfristiger strategischer Konzepte zur Sicherung der streitbaren Demokratie. Während nach 1945 für ungefähr zwei Jahrzehnte die Gemeinsamkeit der Demokraten auf der Grundlage des antitotalitären Grundkonsens bestand, wird nunmehr dieser Grundkonsenses der freiheitlich-demokratischen Grundordnung zugunsten einer antifaschistisch-volksdemokratischen Grundordnung abgelöst.

Die Weimarer Republik ist nicht an der Stärke ihrer Gegner, sondern an der Schwäche und Konzeptionslosigkeit derjenigen zugrunde gegangen, die sie eigentlich hätten stützen sollen. Es mangelt der heutigen deutschen politischen Kultur an einer strategischen, nicht nur an den Augenblick gebundenen Konzeption. Deswegen gibt es gegenüber dem politischen Extremismus, insbesondere dem linken, keine Prävention, sondern immer nur Reaktion auf aktuelle Ereignisse.

Die Sensibilität für die Gefährlichkeit des Linksextremismus wird abgebaut, er wird durch Verschweigen verharmlost oder erscheint wenigstens als das kleinere Übel. Der antitotalitäre Grundkonsens zerfällt, und der Linksextremismus kann sich etablieren.

Angesichts dieser Schwäche deutscher politischer Kultur ist eine Besinnung auf die antitotalitäre Tradition überlebenswichtig für unsere Demokratie. Der Antifaschismus ist ein Versuch desorientierter Linker, die eigene Existenz zu rechtfertigen. Es gilt, diesen Anspruch als pseudomoralisch zu demaskieren und die Lösungsvorschläge als gefährlichen Irrweg aufzuzeigen.

Ideologen, Dogmatiker und opportunistische Interessenvertreter werden indes durch Aufklärung nicht erreicht. Gerade angesichts vielfältiger historischer Vorbelastungen der Demokratie in Deutschland, einer weit verbreiteten Werteunsicherheit und Maßstablosigkeit ist es aber einen Versuch wert, der Fehlentwicklung entgegenzutreten.

Dieses Buch hätte ohne die Unterstützung meiner Mitarbeiterinnen nicht entstehen können. Mein Dank gilt deswegen Christiane Florin, Monika John und Gabriela Knütter M. A.

Besonders danke ich dem Cheflektor des Ullstein-Verlages, Herrn Dr. Rainer Zitelmann, auf dessen Anregung das Buch zurückgeht.

Bonn, im September 1993   H.-H. Knütter

Faschismus und Antifaschismus

Der Antifaschismus ist eine Fundamentalnorm[1] der politischen Kultur Deutschlands seit 1945. Diese Norm entfaltet durch die Art ihrer Anwendung zunehmend negative Wirkung. Statt zu reinigen, vergiftet sie das politische Klima, so wie ein im Übermaß eingenommenes Heilmittel krank machen kann. Neben dem Antifaschismus gibt es weitere Fundamentalnormen: Demokratie-, Rechts- und Sozialstaatsprinzip. Während diese aber verfassungsrechtlich fixiert sind, handelt es sich beim Antifaschismus um eine geistig-moralische Fundamentalnorm, deren zweifelhafter Wert in der Verdrängung der anderen Grundlagen der politischen Ordnung, nämlich der Gemeinsamkeit der Demokraten, des Antikommunismus und des Antitotalitarismus besteht.

Antifaschistische Vorstellungen haben sich nach 1945 nicht ohne Rückschläge durchgesetzt. In den Jahren 1945 bis 1948 gab es einen antifaschistischen Grundkonsens. Diese Zeit stand unter dem Eindruck des Zusammenbruchs, der Enthüllung nationalsozialistischer Untaten, der Entnazifizierung und der Kriegsverbrecherprozesse. Mit der Währungsreform und der Kulmination des Kalten Krieges nach der kommunistischen Machtergreifung in der Tschechoslowakei und der Berliner Blockade änderte sich das Meinungsklima. Die Jahre zwischen 1948 und 1951 waren eine Übergangszeit. Die Währungsreform leitete das Wirtschaftswunder ein, der Ost-West-Konflikt verlieh Westdeutschland hohe Bedeutung für die ehemaligen Feindmächte. Zwischen 1951 und 1961 spielten antifaschistische Vorstellungen in der Öffentlichkeit kaum eine Rolle. Der zehnte Jahrestag des Kriegsendes 1955 fand nur wenig Beachtung, was auch für die folgenden »Jubiläen« dieser Art gilt.

Die Jahre zwischen 1955 und 1961 leiteten zu einer neuen antifaschistischen Welle über. 1955 erbrachte Konrad Adenauers Moskau-Besuch die Freilassung der letzten deutschen Kriegsgefangenen. Gegen einige der Freigelassenen begannen die ersten »NS-Prozesse«, die ab 1957 vor deutschen Gerichten geführt wurden. Das Verfahren gegen Adolf Eichmann in Israel (1961) machte die Weltöffentlichkeit auf die fortdauernde Bewältigung der nationalsozialistischen Vergangenheit aufmerksam. In die Phase der Stagnation, die ab 1961 den Jahren der Stabilität folgte, fallen zunehmende Angriffe gegen frühere NSDAP-Angehörige im öffentlichen Dienst. Die Vergangenheitsbewältigung wurde durch eine Diskussion um die Verjährung nationalsozialistischer Verbrechen forciert. 1965 wurde die Grenze auf das Jahr 1969 festgelegt, da die Zwanzigjahresfrist nicht mit dem Kriegsende, sondern mit der Gründung der Bundesrepublik einsetzen sollte. 1969 schloß sich eine zweite Verjährungsdebatte an, 1979 wurde schließlich die Verjährung für Mord überhaupt aufgehoben. Eine weitere Stärkung erfuhr der Antifaschismus in Zusammenhang mit der sozialliberalen Koalition und dem Antritt der, wie es nun hieß, »Rechtsregierung« 1982.

Wenige Bezeichnungen haben eine Erklärung nötiger als das (Tot-)Schlagwort »Antifaschismus«, das im tagespolitischen Streit bis zur Beliebigkeit verunklart wird. Die verwandten und doch gegensätzlichen Begriffe »Totalitarismus« und »Faschismus« haben einen Doppelcharakter: Einerseits handelt es sich um Kampfbegriffe, die als Propagandaschlagworte denunziatorisch wirken sollen, andererseits um Begriffe von analytischer Bedeutung, die in den Sozialwissenschaften unverzichtbar geworden sind. Wie verhält es sich in dieser Hinsicht mit dem »Antifaschismus«? Weil es sich hierbei um eine Feindvorstellung handelt, muß zunächst einmal geklärt werden, worauf sie denn eigentlich reagiert, was also unter »Faschismus« zu verstehen ist.

Die Bezeichnung »Faschismus« wurde allgemein bekannt, als die von Benito Mussolini im März 1919 gegründeten »fasci di combattimento« (Kampfbünde) 1922 in Italien die Regierungsgewalt übernahmen. Der Begriff taucht indes bereits Ende des 19. Jahrhunderts als Bezeichnung für sozialistische Arbeiterorganisationen auf. Auch Mussolini kam aus der sozialistischen Bewegung, mit der er während des Ersten Weltkrieges brach. Seither versteht man unter Faschismus eine antiliberale, antiparlamentarische (also antidemokratische) Bewegung mit nationalistischer, imperialistischer, zum Teil kapitalismuskritischer Tendenz, die straffe Staatsdisziplin fordert. Die Auffassung von der Gleichheit der Menschen wird abgelehnt. Daß der Faschismus als »totalitär« bezeichnet wird, ist in der Selbsteinschätzung der italienischen Faschisten begründet, die ihren Staat als »totalen Staat« beschrieben, der alle Lebensbereiche bis in die Privatsphäre hinein reglementieren und kontrollieren sollte.

Der Faschismus entwickelte sich zur Massenbewegung, die nicht nur in Italien unter dem Anspruch auftrat, die Nation zu einen und die Klassenspaltung zu überwinden. Die faschistische Bewegung integrierte neben bürgerlichen auch bäuerliche und proletarische Schichten. Deswegen überrascht es nicht, daß sich gerade Marxisten schon früh mit dem Faschismus beschäftigten, der ihnen massiv Konkurrenz machte und auch durchaus attraktiv für Arbeiter war. Seither gilt die Bezeichnung »Faschismus« zunächst für das italienische System und seine Ideenbestandteile (1922–

1943/45), zum anderen als Kennzeichnung ähnlicher, jedoch in vielen Einzelheiten andersartiger europäischer Herrschaftssysteme und ihrer ideologischen Grundlagen.

Die Ausweitung als Gattungsbegriff entspricht nicht dem Selbstverständnis der »Faschisten«, sondern lediglich einem marxistischen Verständnis. Der Faschismus gilt den Marxisten als Krisenerscheinung von Gesellschaften, in denen es private Verfügungsgewalt über Produktionsmittel gibt. In kritischen Situationen neigen demzufolge die Eigentümer der Produktionsmittel, die »Kapitalisten« dazu, sich eine Schutztruppe gegen die sozialistische Bewegung zu halten. Deshalb sei die Gefahr des Faschismus erst gebannt, wenn die private Verfügungsgewalt über Produktionsmittel in einer sozialistischen Gesellschaft aufgehoben ist. Alle Gesellschaftsordnungen, in denen das nicht der Fall ist, seien potentiell faschistisch.

Seit den zwanziger Jahren hat der Faschismus-Begriff zwei Funktionen: Zum einen handelt es sich um ein tagespolitisches Schlagwort, das häufig der Diffamierung des politischen Gegners dient. Besonders seit dem Ende der faschistischen Systeme hat dieses Schlagwort im Rahmen der »Vergangenheitsbewältigung« als innen- und außenpolitisches Kampf- und Diffamierungsmittel Karriere gemacht. Zum anderen ist der Faschismus-Begriff ein Mittel sozialwissenschaftlicher Analyse. Hier bestimmt er eine neue Form ideologisch legitimierter, totaler Herrschaft. In engem Zusammenhang mit den Totalitarismus-Theorien ist in den zwanziger Jahren eine Fülle von Faschismus-Theorien entstanden. Diese lassen sich in vier Klassen unterteilen.[2]

Nach der sogenannten Agententheorie ist der Faschismus eine Reaktion der sich bedroht fühlenden herrschenden Schichten. Diese Theorie entstand bereits kurz nach dem Regierungsantritt Mussolinis. Klassisch ist die Definition, die Georgi Dimitroff im Dezember 1933 auf dem XIII. Plenum des Exekutivkomitees der Kommunistischen Internationale gab: »Faschismus ist die offene terroristische Diktatur der reaktionärsten, am meisten chauvinistischen, am meisten imperialistischen Elemente des Finanzkapitals.« Diese undifferenzierte Faschismus-Theorie berücksichtigt weder nationale Unterschiede noch unterband sie propagandistische Mißbräuche. Bereits vor Dimitroffs Festlegung wurde von den Kommunisten die »Sozialfaschismustheorie« propagiert. Die wahre Agentur des Kapitals ist hiernach die Sozialdemokratie, der gegenüber die eigentlichen faschistischen Organisationen harmloser seien.

Eine differenziertere Auffassung vertrat der kommunistische Dissident August Thalheimer (1930): Der Faschismus sei nur eine mögliche Form der offenen Diktatur der Bourgeoisie. Der Staat sei nicht bloße Agentur der Bourgeoisie. Der österreichische Sozialdemokrat Otto Bauer erkannte 1936, daß der Faschismus zwar im Solde des Kapitals beginnt, sich aber von seinen Auftraggebern emanzipiert und zum Herrn auch über den Kapitalismus wird.

Kritiker wenden gegen einen generalisierenden Faschismus-Begriff ein, daß im Italien Mussolinis und im Deutschen Reich Hitlers kein Primat des Ökonomischen, sondern des Politischen bestand. Der Nationalsozialismus und der Faschismus seien nicht mehr und nicht weniger Ergebnis des Kapitalismus als jede andere moderne Bewegung (Liberalismus, Sozialismus) auch. Außerdem vernachlässige die typologisierende Betrachtung nationale Unterschiede und könne nicht erklären, warum die Krise des Kapitalismus in Deutschland zwar zum Nationalsozialismus, in den USA aber zum »New Deal« Roosevelts geführt habe.

Ernst Nolte versteht den Faschismus als zeitlich begrenzte (1922–1945) Epochenerscheinung, die mit den geistigen und moralischen Traditionen Europas gebrochen hat. Die Krise des liberalen Systems und seine Herausforderung durch den Marxismus sind eine Grundvoraussetzung für das Entstehen und den zeitweiligen Erfolg des Faschismus. Die Kritik an dieser Auffassung bezweifelt, daß die verschiedenen historischen Erscheinungen des Faschismus überhaupt auf einen generalisierenden Nenner gebracht werden können. Von marxistischer Seite wird kritisiert, daß der Faschismus nicht als überepochal und damit als nicht mehr virulent betrachtet wird.

Drittens wird der Faschismus von Historikern als eigenständige Erscheinung gedeutet, die in Übergangsgesellschaften eintritt. So hat es im Deutschen Reich des 19. und 20. Jahrhunderts eine Spannung zwischen der Bourgeoisie als ökonomisch und dem Adel und der Bürokratie als politisch herrschenden Schichten gegeben. Seine Stoßkraft gewann der Faschismus wegen des Widerstandes »residualer Eliten« gegen egalisierende Tendenzen der Industriegesellschaft.

Eng mit der vorstehenden Richtung verbunden ist viertens die Auffassung des Faschismus als einer Modernisierungsbewegung. Obwohl der Nationalsozialismus wie der Faschismus gegen die Aufklärung kämpften, setzten beide eine Überwindung traditioneller Denkweisen und sozialer Strukturen in Gang. Sie haben also zumindest objektiv egalisierend und modernisierend gewirkt.

Die Faschismus-Theorien bieten ein verwirrendes Bild. Vor allem Marxisten bedienen sich des generalisierenden Faschismus-Begriffes in antikapitalistischer Absicht, während nichtmarxistische Faschismus-Theoretiker historisch-klassifizierend, jedoch ohne gesellschaftsverändernde Tendenz daran festhalten. Kritiker der generalisierenden Verwendung des Faschismus-Begriffes wollen die Bezeichnung auf das italienische Beispiel beschränken, da der inflationäre Gebrauch entweder zur Dämonisierung jeder Diktatur oder zur Bagatellisierung von Gewalt und von Vernichtungsregimen führe.

Zwar gibt es zahlreiche Faschismus-Theorien, jedoch keine Antifaschismus-Theorie. Deswegen werde ich hier versuchen, diese Antibezeichnung *positiv* zu umschreiben. Sie gewinnt propagandistische Schlagkraft und integrative Wirkung gerade durch die Negation. Die Antifaschisten wissen, was sie nicht wollen, was sie ablehnen, bekämpfen, was sie als das absolut Böse betrachten, gegen das alle Kräfte mobilisiert werden müssen. Nahezu jedes Mittel ist gerechtfertigt, wenn der Feind absolut verwerflich ist. Das gilt auch dann, wenn man berücksichtigt, daß es Antifaschisten gibt, die Gewalt ablehnen.

Wenn ich behaupte, beim Antifaschismus handele es sich um eine Fundamentalnorm, muß nach seinem konstruktiven Gehalt gefragt werden. Die Rechtfertigung einer sozialistisch-kommunistischen Gesellschaftsordnung durch »Antifaschismus« betreffend, ist seit 1989/90 ein Wandel zu beobachten. Den desorientierten Mitgliedern und Anhängern sozialistischer Parteien und nahestehenden Intellektuellen geht es darum, früheres Verhalten zu rechtfertigen und nach dem Zusammenbruch des Kommunismus von ihrer Ideologie zu retten, was zu retten ist. Dafür wird der moralische Gehalt des Antifaschismus genutzt. Gerade wegen des manipulativen Gebrauchs des Antifaschismus-Begriffes bedurfte es schon öfter neuer Definitionen.[3] Der Versuch, diese Antivorstellung positiv zu fassen, führt zu folgenden 14 Merkmalen,

19

Eigenschaften und Verhaltensweisen: Der Anhänger des
»Antifaschismus« betrachtet sich als
– humanitär;
– liberal;
– demokratisch (im weitesten Sinne des Begriffs);
– aufklärerisch;
– rational;
– revolutionär (nach dem Geist der Französischen Revolution von 1789);
– radikal (das heißt aufklärerisch, nicht etwa subversiv);
– individualistisch;
– den Menschenrechten verpflichtet;
– der Freiheit der Person verschrieben;
– den Idealen der Gleichheit und Gleichberechtigung verbunden;
– Gegner des Antikommunismus (da dieser konstitutives Merkmal des »Faschismus« sei);
– friedliebend (wobei der »Antifaschist« annimmt, daß Frieden nur im Sozialismus möglich ist, weil die Kriege aus Klassenspannungen entstehen).

Bis zum Herbst 1989 war die Sympathie für die »Errungenschaften des Sozialismus«, die verteidigt werden sollten, eine Grundlage des Antifaschismus. Der Kommunismus sowjetischer Prägung wurde als unerläßliche Stütze des Antifaschismus eingeschätzt. Seither hat sich die Sympathie der Antifaschisten einem idealen Sozialismus zugewendet, der sich vom sogenannten Stalinismus absetzt. Ein Argument gegen den Stalinismus ist, daß dieser den Antifaschismus etwa durch den Hitler-Stalin-Pakt, aber auch durch die Anwendung harter Repressionsstrategien verraten habe. Auf jeden Fall gehört zum noch unscharfen neuen, idealen Sozialismus eine antikapitalistische Grundeinstellung.

Der Antifaschismus ist eine Integrationsideologie, auf deren Basis sich sehr gegensätzliche politische Kräfte treffen können, und zwar um so leichter, je diffuser, verwaschener, undogmatischer die Vorstellungen von dem sind, was als »antifaschistisch« gilt. Sozialisten und Nichtsozialisten, Atheisten und Christen, Bürgerliche verschiedener Richtung und Kommunisten, uneinig über grundsätzliche politische Fragen, sehen im »Faschismus« ein Feindbild, dessen Bedrohlichkeit die Notwendigkeit des Zusammenhaltens suggeriert und jede Abweichung als Begünstigung des absolut Bösen moralisch ins Zwielicht rückt. Die moralische Komponente des Antifaschismus fungiert seit 1989/90 als Vorwand zur Rettung des diskreditierten Sozialismus.

Da die Annäherung an den Sozialismus konstitutives Merkmal des Antifaschismus ist, wird jeder Gegner des Totalitarismus den einseitigen Antifaschismus ablehnen. Der Antitotalitarismus schließt eine antifaschistische Haltung ein, will darüber hinaus aber den Pluralismus der Weltanschauungen und Ideen fördern, den freien Zugang zu allen Informationen gewährleisten und das Mehrparteiensystem erhalten (Möglichkeit des freien Wechsels zwischen Regierung und Opposition).

Der Streit um Faschismus und Antifaschismus ist Ausdruck der in Deutschland verbreiteten Neigung, Politik als Kampf unterschiedlicher Weltanschauungen zu betreiben. Der Totalitarismus-Begriff ist vom Standpunkt einer freiheitlichen Demokratie geeignet, den Weltanschauungskampf in der Politik zu überwinden, soweit er mehr ist als ein bloßer Kampfbegriff des »Kalten Krieges«. Der Totalitarismus-Begriff ist der Aufklärung, also der Rationalität verpflichtet. Sein Gesellschaftsbild ist das der »offenen Gesellschaft«, seine geistige Grundlage die des Kritischen Rationalismus. Eine Ursache für die Wirkkraft des Antifaschismus im Nachkriegsdeutschland liegt auch in der Enttäuschung über die gescheiterten Utopien von 1945. Die Mentalität und die Einstellung der Intellektuellen etwa, die sich in der Gruppe 47 zusammenschlossen, wird von ihrem Wortführer Hans-Werner Richter so geschildert: »Oh, dieses Deutschland, wo die edlen Absichten keine Grenzen kennen, wo immer wieder, Regenbögen vergleichbar, die herrlichsten Visionen verheißungsvoll aufscheinen, ehe sie von den grauen Wolken der Realität verdeckt werden. Wir Deutschen: Ein Volk hochherziger Aufbrüche – in die Weiten des Nichts. Natürlich wurde nicht alles anders. Die traumhaft-schöne umfassende Erneuerung blieb aus. Entsprechend übertrieben sah man sich stattdessen in Düsteres versetzt. Man war mit einer hassenswerten Restauration konfrontiert, ja sah sich einem neuen Faschismus gegenüber. Widerstand war erforderlich (blieb für viele bis heute).«[4]

Antifaschismus heißt in einem solchen Zusammenhang: Man fühlt sich in der neuen Ordnung frustriert, da nebulös etwas Anderes, Schöneres erwartet wurde. Weil keine Änderung eingetreten ist, sieht man die Kontinuität zum Früheren, zur verfemten Bürgerlichkeit des Kaiserreiches und der Weimarer Republik, des nationalsozialistischen Systems, zu Kapitalismus, Imperialismus, Krieg, Militär – alles wird zum Gegenbild, zum Objekt des Mißbehagens. Das Unbehagen wird artikuliert und in ein Schlagwort gepackt, und das Schlagwort heißt »Antifaschismus«. Für die politische Offensive ist der Antifaschismus wie alle Antihaltungen besonders gut geeignet, da bloßes Dagegensein einfach ist. Voraussetzung ist die schlagworthafte Verkürzung. Alles Konstruktive muß abgewogen und im Detail begründet sein. Detailgenauigkeit führt aber zu differenziertem, abwägendem Argumentieren.

Das Antifaschismus-Bild hat, wenn wir unsere Betrachtung auf das westliche Nachkriegsdeutschland beschränken, seit 1945 nicht nur geschichtliche Wandlungen durchgemacht. Auch in systematischer Hinsicht haben wir es mit zwei nur teilweise übereinstimmenden Auffassungen zu tun. Es gibt zum einen das *mehrdimensionale Antifaschismus-Verständnis des Sozialismus*. Mehrdimensional deswegen, weil es sowohl eine moralische Komponente hat als auch eine sozio-ökonomische. Dieses Antifaschismus-Verständnis ist insofern radikal, als es den »Faschismus« nicht nur aus moralischen Gründen ablehnt, sondern auch seine sozio-ökonomischen Wurzeln beseitigen will. Als unerläßliche Voraussetzung gilt die Aufhebung der privaten Verfügungsgewalt über Produktionsmittel. Nur auf diese Weise könne verhindert werden, daß diejenigen, die diese Verfügungsgewalt haben – die »Kapitalisten« – sich der »Faschisten« als Prätorianergarde bedienen, um in politischen und ökonomischen Krisensituationen die Bedrohung, die von den Sozialisten oder den »Massen« ausgeht, mit brachialer Gewalt zu bekämpfen. Das politische Ziel der Anhänger dieses Antifaschismus-Verständnisses ist eine sozialistische Gesellschaftsordnung.

Auf der anderen Seite gibt es ein bürgerlich-liberales und christliches Antifaschismus-Verständnis, das *eindimensional* ist, weil es nur die moralische Komponente umfaßt, die sozio-ökonomische Analyse hingegen vernachlässigt. Es erfolgt allenfalls eine zeitgeschichtliche Aufarbeitung des Faschismus und des Nationalsozialismus, jedoch werden damit keine radikalen, gesellschaftsverändernden Ziele verbunden. Diese Auffassung wird von ethischen Rigoristen vor allem aus dem religiösen Bereich vertreten, aber auch von den nichtsozialistischen Eliten, die Angriffe von sozialistischer Seite abwehren wollen.

Nach dem Ende der DDR

Mit dem Zusammenbruch des »real existierenden Sozialismus« 1989/91 schien auch der Antifaschismus unterzugehen. Hatte er doch nach innen als Systemlegitimierung, nach außen als Kampfmittel fungiert. Allerdings zeigte sich bald, daß der Antifaschismus, wenngleich stark verunsichert, weiterhin bestehen sollte. Seit dem Herbst 1989 sind die Argumente und Präsentationsformen der Antifaschisten vielfältiger, widersprüchlicher, weniger rational, stärker emotional und auf jeden Fall schwächer theoretisch, das heißt marxistisch fundiert, aber dafür stärker aktionistisch. So entstand eine »antifaschistische« Subkultur, etwa ein »antifaschistisches Café« als Kommunikationszentrum, Informationstauschbörse, Zentrum zur Vermittlung eines Gemeinschaftsgefühls.[5]

Das Abrücken von der marxistischen Faschismus-Interpretation bietet den Vorteil, bisher ausgegrenzte Kreise in den »antifaschistischen« Widerstand einbeziehen zu können. Während in der Zeit der SED-Herrschaft die KPD als stärkste Kraft des »antifaschistischen« Widerstands vor 1945 galt, bürgerliche Kreise dagegen entweder gar nicht oder nur am Rande, werden jetzt auch bürgerliche Widerstandskämpfer unter ausdrücklicher Kritik an der gegenteiligen Haltung der SED anerkannt. Im *Neuen Deutschland* wurde Carl Goerdeler als »Antifaschist« gewürdigt und beklagt, daß ihm nach 1945 diese Anerkennung lange versagt blieb, weil er kein Kommunist war.[6] Die Potsdamer PDS rühmte in einem Gedenkartikel zum 20. Juli 1944 zahlreiche adelige hohe Offiziere, die dort stationiert waren, und folgert für die Gegenwart: »Viele der Genannten sind im Kampf gegen das

Nazi-Regime gefallen. Ihr Vermächtnis kann nur lauten: Antifaschismus als Grundkonsens, dem sich alle deutschen Parteien und politischen Bewegungen verpflichtet fühlen sollten.«[7]

Mit der Würdigung bisher abgelehnter »bürgerlicher« Widerstandskämpfer, die nun auch als Antifaschisten gelten, kann sich die PDS zwar auf im Westen hochgeschätzte Angehörige des Widerstands berufen. Zugleich wendet sie sich aber von einem theoretisch fundierten Antifaschismus-Verständnis ab. Denn wenn Antifaschismus gleichzusetzen ist mit Antikapitalismus und echter Antifaschismus Aufhebung der privaten Verfügungsgewalt über Produktionsmittel bedeutet, so kann in der Tat nur der kommunistische Widerstand als genuin antifaschistisch betrachtet werden. Bürgerliche Widerstandskämpfer wie Goerdeler gelten in diesem Sinne auf keinen Fall als Antifaschisten, da ihnen nichts ferner lag als eine sozialistische oder kommunistische Neuordnung.

Ein Musterbeispiel für die gewandelte Einstellung zum »Antifaschismus« ist die Behandlung eines anderen Opfers des Nationalsozialismus: Ernst Thälmann. Bis zur »Wende« galt er als *das* Vorbild des antifaschistischen Widerstandskämpfers, in dem die moralische und die sozio-strukturelle Komponente des »Antifaschismus« zusammentreffen. Seitdem die Kritik an dem DDR-offiziellen und offenbar wenig überzeugenden Antifaschismus zugenommen hat, wurde auch Ernst Thälmann kritisiert, weil er die KPD stalinisiert habe. Während es bis 1928/29 noch Alternativen zu einer stalinistisch strukturierten und zunehmend von Moskau gesteuerten KPD gegeben habe, sei unter seiner Mitwirkung eine verhängnisvolle Entwicklung eingetreten, die verheerende Folgen für den Kampf gegen den »Hitlerfaschismus« gehabt habe. Das bedeutende »antifaschistische« Potential der KPD sei geschwächt und Bündnispartner seien abgeschreckt worden. So wird Thälmann nunmehr als eine tragische Gestalt betrachtet, die in der SED-Zeit zum Mythos wurde, aus dem nachfolgende Parteiführungen ihre Legitimation ableiteten.[8]

Die Appelle liefen 1989/90 darauf hinaus, die historische Kraft des »Antifaschismus« lebendig zu erhalten, um der »aufkeimenden Großmannssucht und Deutschtümelei« das positive Bild von einem antifaschistischen Deutschland entgegenzusetzen.[9] Dieses ausgeweitete Verständnis von Antifaschismus, in das alle, auch nichtsozialistische Widerstandsangehörige einbezogen werden, dient nicht nur der Legitimation der verunsicherten Sozialisten. Es soll auch einer »Relativierung« nationalsozialistischer Verbrechen durch die Aufdeckung sowjetischer Konzentrationslager entgegenwirken. Nicht nur ehemals nationalsozialistische Konzentrationslager wie Buchenwald sind nach 1945 von den sowjetischen »Befreiern« und später von ihren SED-Helfern weiterbetrieben worden; es waren auch andere Lager entstanden, in denen ehemalige Nationalsozialisten und »Kriegsverbrecher« saßen, aber auch alle diejenigen, die der sowjetischen Besatzungsmacht und der SED unbequem wurden. Die zunehmende Thematisierung solcher Tatsachen hatte einen starken Rechtfertigungsdruck zur Folge.[10]

Von den »stalinistischen« Verbrechen distanzierte man sich. Der gleichzeitige Hinweis auf die nationalsozialistischen (»faschistischen«) Verbrechen bezweckte aber eine Aufrechnung und Relativierung. Immerhin ist die vor 1989 übliche Rechtfertigung des Stalinismus, er sei wenigstens antifaschistisch gewesen und die harten Maßnahmen sollten die faschistische Gefahr bannen, aufgegeben worden oder zumindest in den Hintergrund getreten.

Von besonderer Bedeutung für die moralische und tagespolitische Funktion des Antifaschismus war die »antifaschistische Kampfdemonstration« der SED-PDS am 3. Januar 1990 am sowjetischen Ehrenmal in Treptow. Das Ehrenmal war am 28. Dezember 1989 mit Parolen beschmiert worden, die von der SED als »neofaschistisch« bezeichnet und zum Anlaß für eine Solidarisierungsaktion genommen wurden. Ebenfalls am 28. Dezember hatte das FDJ-Organ *Junge Welt* einen Artikel über *Ursachen des Entstehens, des politischen Wesens und der Ausbreitung rechtsradikaler, neonazistischer Organisationen in der DDR von 1986 bis zum Oktober 1989* veröffentlicht. Der Autor berichtete, daß in der Zeit vor der »Wende« die politische Führung der DDR nicht an einer offenen Erörterung interessiert gewesen sei. Nun warnte aber nicht nur der in Ost-Berlin tagende »Runde Tisch« vor »neofaschistischen Tendenzen« in der DDR. Zahlreiche Organisationen schlossen sich der SED-PDS an, so das Komitee der antifaschistischen Widerstandskämpfer, die Gesellschaft für Deutsch-Sowjetische Freundschaft, die ehemaligen Blockparteien mit Ausnahme der CDU, der FDGB, die FDJ, eine neu gegründete linke Gruppe: die »Nelken«, ferner spartakistische und trotzkistische Gruppen, die SEW und SDAJ.[11]

Besonders hervorzuheben ist die Spartakist-Arbeiterpartei Deutschlands, deutsche Sektion des internationalen trotzkistischen Dachverbandes »International Communist League« (New York). Diese Splittergruppe behauptete, die große Demonstration am 3. Januar 1990 initiiert zu haben. An dieser Großveranstaltung nahmen zwischen 100 000 und 250 000 Demonstranten teil, darunter der damals amtierende Vorsitzende des Staatsrats, Manfred Gerlach, Außenminister Oskar Fischer, der Ost-Berliner Oberbürgermeister Erhard Krack und der sowjetische Botschafter Kotschemassow. Es wurden Parolen skandiert wie zum Beispiel: »Nazis raus –

kein Viertes Reich«, »Rotfront gegen rechts«, »Schönhuber mit seiner braunen Pest hat bei uns keine Chance«, »Perestroika ja – Nazis nein«. Die Sudeleien am Ehrenmal beleidigten und verhöhnten die gefallenen sowjetischen Soldaten, die Völker der Sowjetunion sowie alle Antifaschisten. Die engen Bande der Freundschaft dürften durch solche Provokationen nicht zerrissen werden. In der Rede Gregor Gysis hieß es: »Unser Land ist in Gefahr, und zwar von rechts. Wir müssen diese Gefahr bannen, sonst brauchen wir über demokratischen Meinungsstreit und anderes gar nicht erst zu diskutieren. Wie wollen wir denn demokratisch wählen, wenn hier die Neonazis alle Freiräume besetzen.«[12]

Diese spektakuläre Kundgebung hatte für die Veranstalter ungeahnte und unbeabsichtigte Folgen. Zunächst fiel auf, daß die angeblichen »neofaschistischen Schmierereien« nie zitiert oder im Bild gezeigt wurden. Sie lauteten: »Besatzer raus«, »Völkergemeinschaft statt Klassenkampf« und »Nationalismus für ein Europa freier Völker«.[13] Vom Tatbestand der Sachbeschädigung abgesehen, rechtfertigten die Parolen weder die »antifaschistische« Polemik noch die Behauptung, die sowjetischen »Befreier« seien beleidigt worden. Auch kamen bald Vermutungen auf, bei dem ganzen Vorgang habe es sich um eine Manipulation der SED-PDS gehandelt, die sich auf diese Weise moralisch legitimieren wollte und überdies mit Blick auf die Volkskammerwahlen agiere, die damals noch für den 6. Mai 1990 geplant waren. Schon während der Kundgebung kam bei zahlreichen Teilnehmern das Gefühl auf, für die Zwecke der SED-PDS mißbraucht zu werden.[14] Die SED-PDS glaubte offenbar zu diesem Zeitpunkt, Wähler für sich einnehmen zu können, wenn sie gegen »faschistische Tendenzen« auftrat.

Auch bei den Montagsdemonstrationen in Leipzig Anfang Dezember wurde vielfach gegen Rechtsextremismus und

Wiedervereinigung agitiert.[15] Als die Demonstration in Treptow zeigte, daß die SED-PDS mit ihren »antifaschistischen« Appellen durchaus Eindruck machte, setzte eine Gegenbewegung ein, die die Wirkung gegen die Urheber der Kundgebung kehren konnte. In der alternativen *tageszeitung* wurde der SED vorgeworfen, durch die Art ihres Vorgehens unter DDR-Parteien und -Gruppen einen Konsens geradezu zu verhindern. Die Terminologie – »Kampfdemonstration«, »Einheitsfront gegen rechts« – sei die Sprache von gestern. Der Verdacht liege nahe, daß ein Spiel mit der Angst getrieben wird. »Antifaschismus« sei als Legitimation des realsozialistischen Staates obsolet geworden. Er habe sogar die Auseinandersetzung mit rechten Tendenzen unterbunden. »Antifaschismus« als wahlkampftaktisches Argument mache die SED nicht glaubwürdiger, dafür aber den Antifaschismus unglaubwürdiger: »Da die Partei nach wie vor ratlos den Scheiterhaufen ihrer stalinistischen Vergangenheit anstarrt, ist der Weg gewiß verführerisch, sich um einen sicheren Kern einer unveräußerlichen Identität zu scharen. Antifaschismus als Wagenburgmentalität und Wahlkampf als Abwehrkampf, das wäre der bequemste und fatalste Ausweg aus der unbewältigten Vergangenheit der Partei.«[16] Schon bald mutmaßte man, ehemalige Angehörige des Staatssicherheitsdienstes hätten die Parolen geschmiert. Die ganze Aktion wurde als Betrugsmanöver und schwerer taktischer Fehler der neuen SED-Spitze bezeichnet.[17]

Da die manipulative Absicht der SED-PDS so deutlich ans Licht trat, hat der Plan, eine »antifaschistische« Volksfront zu schaffen, letztlich nur seinen Urhebern geschadet. Der Mißerfolg der Aktion vom 3. Januar 1990 kam auch daher, daß die Verbindungen zum gerade überwundenen »Honekker-Sozialismus« unverkennbar waren. Im Anschluß an die Demonstration richtete die FDJ-Zeitung *Junge Welt* eine

»antifaschistische Seite« ein, die vom 4. Januar 1990 an jede Woche Plattform einer »breiten antifaschistischen Abwehrfront gegen alle Formen von Neonazismus« werden sollte. In der ersten Ausgabe sprach man sich ausdrücklich gegen den Versuch aus, statt von »Antifaschismus« von »Antinationalsozialismus« zu sprechen, da dieser letztlich antisozialistisch sein werde. In Anlehnung an Heinrich Mann hieß es: »Der neue Humanismus wird sozialistisch sein.«[18] In der gleichen Ausgabe wird ausgerechnet das Ministerium für Staatssicherheit gerühmt, weil es »neben den vielen negativen Sachen, die über dieses Ministerium ans Tageslicht gekommen sind«, gerade bei der Abwehr der »Nazis« gute Arbeit geleistet habe. Deshalb solle jener Teil des Ministeriums fortbestehen, der für dieses Gebiet verantwortlich gewesen ist. Denn im früheren MfS habe es auch viele gute, ehrliche Leute gegeben und nicht nur »solche Verbrecher wie Mielke und Konsorten«.[19] Kein Wunder, daß den Mitdemonstranten der SED-PDS angesichts solcher Äußerungen Bedenken kamen.

Der Versuch der SED-PDS, mit Hilfe »antifaschistischer« Bündnisse verlorenes Terrain wiederzugewinnen, Macht, Einfluß und Positionen zu sichern, mobilisierte in einem so erheblichem Umfang Gegenkräfte, daß ab Januar 1990 die Entmachtung und Auflösung des Staatssicherheitsdienstes, die Beseitigung personeller SED-Verflechtungen und das Einheitsstreben verstärkt wurden. Die Aktion der SED-PDS richtete sich gegen sie selbst. Wenn der »Antifaschismus« dennoch weiter propagiert wurde, beweist das nur den ideologischen Zusammenbruch der SED-Herrschaft, deren Anhängern nur noch der Antifaschismus als kleinster gemeinsamer Nenner blieb.

Das kann man dem Aufruf »zur Gründung einer Organisation der Antifaschisten der DDR« vom März 1990 entneh-

men: »Heute stehen wir gemeinsam in der großen Verantwortung, die antifaschistischen Werte unserer Gesellschaft
entschlossen zu verteidigen und zugleich in den begonnenen
Prozeß zur Herstellung der Einheit Deutschlands einen le-
bendigen und erneuerten Antifaschismus, getragen von einer
breiten demokratischen Basis, als aktives Element einzubringen. Mit tiefer Sorge sehen wir aber auch die Gefahren, die
sich in unserem Land zunehmend für den Antifaschismus,
Humanismus und die Demokratie auftun und die sich derzeit
vor allem in rechtsextremen, antisemitischen, revanchisti-
schen, ausländerfeindlichen Erscheinungen, in Verletzungen
der Menschenwürde und Intoleranz zeigen.« Der Aufruf tritt
auch für die Rehabilitierung »aller Opfer des Stalinismus«
ein und erstrebt »unabhängig von politischer Ordnung, Kon-
fession, Nationalität und Hautfarbe« ein »antifaschistisches
Vaterland«. Abschließend heißt es: »Laßt uns im breitesten
antifaschistischen Konsens zusammengehen für die deutsche
Volkssouveränität, für uneingeschränkte Menschenrechte
und demokratische Freiheiten, für die Rechte der Jugend und
der Frauen, für eine antifaschistisch-demokratische und hu-
manistische Bildungsarbeit, für soziale Gerechtigkeit, für die
Gleichberechtigung unserer ausländischen Mitbürger, für
eine Welt ohne Waffen, für ein friedliches Europäisches
Haus und eine umweltfreundliche, auf den Wohlstand gerichtete Zukunft der Menschen.«[20]
   Dieser Gründungsaufruf ist in einer bezeichnend defensi-
ven Sprache gehalten, enthält keinerlei direkten Bezug zu sozialistischen Vorstellungen, ist aber gleichwohl von mobili-
sierender Kraft, vor allem wegen der eindringlichen Warnung vor akuten »neonazistischen« Gefahren. Jedem Kundi-
gen aber müßte klar sein, daß »antifaschistisch-demokra-
tisch« ein Synonym für »sozialistisch« ist. Die Bedeutung
des »Antifaschismus« hat auch deshalb abgenommen, weil

die DDR-Opposition vor 1989 sich dieses Schlagwortes bediente, um sich glaubwürdig zu machen und um Gegenaktionen der noch an der Macht befindlichen SED zu unterlaufen, die sich ja nicht gut gegen den von ihr selbst propagierten Antifaschismus wenden konnte.

Ein besonderes Kunststück im manipulativen Gebrauch des Antifaschismus brachte Manfred Gerlach zustande. Gerlach, maßgeblicher Repräsentant des alten Systems, Vorsitzender der LDPD, zeitweiliger DDR-Justizminister, Mitglied und nach der Wende amtierender Vorsitzender des Staatsrates, benutzte den »Antifaschismus« dazu, die Blockbindung seiner Partei an die SED zu begründen. Zugleich aber sollte er Selbständigkeitsbestrebungen der Anti-SED-Opposition legitimieren. In einer Rede zum 40. Jahrestag der DDR stellte Gerlach fest: »Antifaschistische Politik war und ist ihrer Bestimmung nach demokratische Politik, beruht sie doch auf Lebensinteressen aller Klassen und Schichten . . . erinnert sei in dieser Stunde an die Orientierung auf die Antifaschistische Umwälzung in Deutschland, die die demokratischen Energien, den Erneuerungswillen und die Bereitschaft zur historischen Wende, die nach der Befreiung vom Faschismus überall im Lande zu verspüren waren und die auch die LDPD auf ihre Weise artikulierte, gleichsam bündelte, ihnen Ziel und Richtung gab.«[21]

Darüber hinaus mahnte Gerlach mit dem Antifaschismus-Argument die SED zur Toleranz. In einer Rede zum 100. Geburtstag von Carl von Ossietzky heißt es: »Was Ossietzky quälte, war die schreckliche Vorstellung, die Republik könne an der gegenseitigen Unduldsamkeit der Antifaschisten unterschiedlicher Weltansicht zugrunde gehen. Was Liberaldemokraten heute mit Sorge erfüllt, ist, daß sich die politische Wachsamkeit auch gegen Bürger zu kehren beginnt, die sich, in ihrem demokratischen Verständnis von Humanismus, von

Da-sein für Mitmenschen folgend, kooperativ an der Gestaltung des Sozialismus beteiligen wollen, aber Gefahr laufen, als Quertreiber ausgegrenzt zu werden. In diesen Fällen melden wir uns zu Wort und sagen: Da wird guter Wille mißdeutet, da werden kritische Gedanken als Ausfluß bürgerlicher Ideologie in die antisozialistische Ecke gestellt, da werden zuweilen Tatbereitschaft und Engagement, nur weil sie sich nicht an gewohnte Regeln halten, als oppositioneller Versuch zurückgewiesen, und da wird die Frage, ob Militärparaden genauso wie früher ihren Sinn hätten, kurzerhand mit Relegation von der erweiterten Oberschule geahndet, die obendrein den Namen Carl von Ossietzky trägt.«[22] Hier wird der Antifaschismus benutzt, um Meinungsfreiheit für die sich im September 1989 formierende DDR-Opposition zu beanspruchen und zu adeln.

Gerlachs unausgesprochenes Angebot an die SED lautet: Wir sind doch alle »Antifaschisten«. Verratet nicht den humanistischen Geist des Antifaschismus, indem ihr repressive, also faschistische Methoden anwendet. In ähnlicher Weise bedienten sich oppositionelle Kräfte antinationalsozialistischer und »antifaschistischer« Vorstellungen, offenbar um die SED an Aktionen gegen die Opposition zu hindern. In Leipzig wurde vor Beginn einer regimekritischen Demonstration am 4. September 1989 des Überfalls deutscher Truppen auf Polen und des »namenlosen Leids, das damit über unser Nachbarvolk hereinbrach«, gedacht.[23] Dagegen konnte die SED nicht gut vorgehen.

In einem vom *Demokratischen Aufbruch* im Oktober 1989 in Ost-Berlin anläßlich einer Demonstration verteilten Flugblatt wird die Verwirklichung aller in der Verfassung garantierten Menschenrechte gefordert, so das Recht auf Freizügigkeit und auf Meinungsfreiheit, mit der ausdrücklichen Einschränkung: »außer wenn damit faschistisches, chauvinistisches und militärisches Gedankengut propagiert wird«.[24] Der DDR-Schriftsteller Rolf Schneider wandte sich gegen die Versuche der SED-PDS vom Januar 1990, den Antifaschismus zu instrumentalisieren. Neonazis in der DDR, so Schneider, seien Fleisch vom Fleisch der alten SED. Viele junge Neonazis kämen aus kommunistischen Funktionärsfamilien. Die SED-PDS sollte die Schuldfrage zuallererst sich selber stellen. »Stattdessen ruft sie pathetisch nach einer Einheitsfront gegen rechts« und will das Land »nicht zur Heimstatt von Faschisten« werden lassen. Sie wirke darin so glaubwürdig wie der Hitler-Stalin-Pakt. Antifaschismus sei einer von den wenigen Begriffen, auf die sich in der DDR fast alle Leute einigen ließen; er lade darum förmlich ein zur Demagogie.[25]

Die SED-PDS sah sich jetzt häufiger Angriffen ausgesetzt, in denen sie und ihre Methoden mit nationalsozialistischen Vorgehensweisen verglichen wurden. Selbst wenn es sich hier nur um polemische Angriffe handelt, war sie doch in eine grundsätzliche Defensivposition geraten, um so mehr, wenn beispielsweise die Konzentrationslager vor und nach 1945 verglichen wurden.[26] Auf diese Kritik reagieren die SED-PDS und vor allem die ihr anhängenden Intellektuellen mit Unsicherheit, teils aggressiv, teils defensiv, aber immer mit tagespolitischen, nie mit theoretisch vertieften Argumenten.

So wird die Kritik am »Antifaschismus« selbst oft als tendenziell »faschistisch« denunziert. Die Kritik am »Antifaschismus« beabsichtige, das »antifaschistische« Engagement gegen die »Neofaschisten«, insbesondere gegen die Republikaner zu schwächen. Eine andere Reaktion ist die selbstkritische Distanzierung vom »ritualisierten« SED-»Antifaschismus«. Die Schwierigkeiten, die mit dem »Antifaschismus« nach der Wende entstanden seien, lägen darin begründet, daß er zu den ehernen Prinzipien »einer in Verruf gekommenen Staatspolitik« gehört habe. Die Zunahme des Rechtsextremismus seit Herbst 1989 lege die Frage nach der Wirksamkeit »antifaschistischer« Erziehung nahe. Die Chance, den Antifaschismus zum Fundament einer politischen Kultur nach 1945 zu machen, sei nicht genutzt worden. »Andersdenkende«, das heißt Nichtsozialisten, seien ausgegrenzt worden. Faschismus und Stalinismus würden zwar von ihrer Herkunft und Zielsetzung nicht übereinstimmen, schienen aber in einigen Formen der Herrschaftsstrukturen identisch zu sein. Die Berichte über die Verfolgung von Walter Janka[27] enthüllten »faschistische« Strategien. »Antifaschistische« Ideale seien mit falschem Inhalt besetzt worden, so daß man jetzt vor einem Scherbenhaufen stehe.

Andererseits aber sei nicht zu übersehen, daß der »Antifaschismus« Eingang in die Programmatik der meisten politischen Bewegungen und Parteien nach dem Oktober 1989 gefunden habe. Dieses Bekenntnis sei durch die »antifaschistische« Identität der DDR verursacht. Angesichts zunehmender rechtsradikaler und neofaschistischer Erscheinungen bestehe indessen akuter Handlungsbedarf. Allerdings sei es schwierig, einen Konsens für die Arbeit zu finden, die (»antifaschistische«) Gemeinsamkeiten höher stellt und ermöglicht.[28] Zur Selbstkritik am »ritualisierten Antifaschismus« gehört die unzutreffende These, man habe sich in der DDR vor der Wende vom Oktober/November 1989 mit dem Faschismus nicht wissenschaftlich auseinandergesetzt.[29]

Einer der seltenen Versuche, das Versagen des staatsoffiziellen »Antifaschismus« analytisch zu klären, argumentiert, daß die DDR-Gesellschaft undifferenziert harmonisch dargestellt worden sei. Das verkürzte und einseitige Geschichtsbild habe eine echte Auseinandersetzung mit dem Faschismus unter dem Aspekt der individuellen Schuld verhindert und die offene Auseinandersetzung mit »neofaschistischen« Tendenzen verhindert. Die DDR-Geschichte sei zu undifferenziert als konfliktfreier stetiger Weg zum Besseren und nicht als widersprüchlicher, opferreicher Entscheidungsprozeß dargestellt worden.[30] So lautet schließlich das Ergebnis, daß der »Antifaschismus« an sich zwar gut war, daß aber die Verwalter des »antifaschistisch-demokratischen« Erbes sich als unfähig erwiesen haben.[31]

Der »Antifaschismus« hat auch nach den Erschütterungen durch die »Wende« seine emotionale Mobilisierungskraft behalten, gerade weil er weniger rational und stärker emotional auftritt. Die Angst vor dem »Faschismus« wird geschürt, weil mit dem Zusammenbruch des »Realsozialismus« Unsicherheit und Desorientierung zugenommen haben. Für die PDS ist der Antifaschismus eine Art Lebensversicherung, gibt diese Partei doch vor, gegen den Faschismus zu kämpfen und das Erbe seiner Opfer zu wahren.[32]

Die PDS und die extreme Linke

Offiziell distanziert sich die PDS vom »Realsozialismus«. Intern aber ist sie in dieser Frage durchaus gespalten. In Fragen der politischen Theorie ist sie zersplittert und orientierungslos. Um so größere Bedeutung hat ein moralisch argumentierender »Antifaschismus«, auf den sich die gegensätzlichen Strömungen innerhalb der Partei einigen können. Nach außen dient der »antifaschistische« Mythos der moralischen Rechtfertigung, die der diskreditierte marxistische Sozialismus nicht gewährleisten konnte. Zugleich ermöglicht der »Antifaschismus« die Integration linksextremer Gruppen und Personen, die dem »real existierenden Sozialismus« opponiert hatten. Zwei Bundestagsabgeordnete der PDS, Andrea Lederer und Ulla Jelpke, kommen aus dem maoistischen Kommunistischen Bund, der in Gegensatz zur SED gestanden hat. Mit der PDS dagegen ist eine enge Zusammenarbeit möglich geworden.

Durch zunehmende rechtsextreme Aktivitäten seit der Wiedervereinigung fühlen sich die PDS und das sonstige linksextreme Spektrum in der Meinung bestätigt, daß Kapitalismus und »Faschismus« zusammengehören. »Antifaschismus« bedeutet für die Linksextremen immer auch Klassenkampf, also Kampf gegen Marktwirtschaft und liberale Demokratie. Der Zusammenbruch der DDR entzog den an der Sowjetunion und der DDR orientierten Kommunisten in Deutschland mit einem Schlag den Boden. Aber auch die anarchistischen Linken gerieten zunehmend in Schwierigkeiten. So diskutieren traditionelle Kommunisten und »neue Linke« über künftige politische Linien, Strategien und Taktiken, ungeachtet der hergebrachten Abgrenzungen.

Die Vereinigung der Verfolgten des Naziregimes – Bund der Antifaschisten hat ihre führende Rolle in der »antifaschistischen« Bewegung eingebüßt. Sie blieb zwar die mitgliederstärkste alt-kommunistische Bündnisorganisation; ohne die Zahlungen der SED stellt die VVN jedoch nicht mehr viel auf die Beine. In landesweiten, regionalen und örtlichen »antifaschistischen« Bündnissen ist sie aber immer noch aktiv. Nicht zu unterschätzen sind die politischen Erfahrungen, die die VVN in die neuen Bündnisse einbringen kann.[33] Die VVN Westdeutschlands existiert weiter.

Bezeichnend ist die Art der »Vergangenheitsbewältigung« bei der VVN. Am 9./10. Juni 1990 beschloß der VVN-Bundeskongreß das Weiterbestehen der schwer erschütterten Organisation. Ein (selbst-)kritischer Betrachter stellte fest:

»Mit den Inhalten antifaschistischer Politik hat (man) sich allerdings nicht befaßt ... Die Mehrheit des Bundeskongresses wollte erklärtermaßen keine ›theoretischen‹ Diskussionen, erst recht keine ›rückwärtsgewandten‹, ›selbstzerfleischenden‹ oder ›lähmenden‹ Diskussionen, wie der Ruf nach Reflexion vergangener Fehler und Blindstellen genannt wurde. Die Mehrheit war nicht bereit, über die eigene Vergangenheit, aber auch nicht über Inhalte und Politik zu debattieren. Gleichzeitig wurden sehr schnell und oft die Ungereimtheiten und Fehler der alten Politik mit den ›Sachzwängen des Kalten Krieges‹ begründet und entschuldigt ... Doch weil über die Inhalte der Politik, die mit Hilfe dieser Organisation betrieben werden soll, nicht diskutiert wurde (alle Anträge blieben unbehandelt!), droht eine Politik ohne Inhalte. Dabei war es doch nicht nur die totale Abhängigkeit der alten VVN von den Finanzen aus der DDR, die zum Fiasko führte, als diese Finanzen ausblieben. Zum Zusammenbruch trug ja wohl auch vor allem jene Politik bei, die eine solche finanzielle und politische Abhängigkeit zum Inhalt hatte und die wegen ihrer autoritären Strukturen die Wirksamkeit antifaschistischer Bemühungen minderte, wenn nicht gar aufhob. Die Tatsache, daß in der DDR, also dort, wo jahrzehntelang ein von oben verordneter Antifaschismus an der Tagesordnung war, der jedoch mit einem autoritär strukturierten Regime einherging, heute nationalistische, fremdenfeindliche und rassistische Tendenzen stark hervortreten, weist eindringlich darauf hin, daß solche Art von Antifaschismus, der mit antiemanzipatorischen Herrschafts- und Denkstrukturen verbunden ist, Nationalismus und Neofaschismus nicht verhindert.

Das wirft zugleich die Frage auf, ob die Verkürzung, (nur) ›Kapitalismus führt zum (Neo-)Faschismus‹, überhaupt stimmen kann. Wie nämlich sind dann nach 40 Jahren antikapitalistischer Herrschaft die rechtsextremen und neofaschistischen Erscheinungen in der DDR zu erklären? In der VVN gab es mehrere Versuche, darüber die Diskussion zu führen und damit zugleich über Inhalte und Formen antifaschistischer Politik. Damit verband sich das Bestreben, die Organisation VVN zu erhalten, sie aber umfassend zu demokratisieren, um Wiederholungen eines autoritär strukturierten Antifaschismus (der ein Widerspruch in sich und deshalb letztlich unwirksam ist) entgegenzuwirken.«[34]

In der Nachfolge des Komitees der antifaschistischen Widerstandskämpfer der DDR ist am 30. Oktober 1990 der Interessenverband ehemaliger Teilnehmer am antifaschistischen Widerstand, Verfolgter des Naziregimes und Hinterbliebener (IVVdN) entstanden.[35] Außerdem gibt es noch einen Bund der antifaschistischen Widerstandskämpfer (BdA), bereits am 12./13. Mai 1990 in der ehemaligen FDJ-Hochschule am Bogensee gegründet. Beide Organisationen sind selbständig, jedoch durch ihre Tätigkeit verbunden. Der BdA sammelt die Jüngeren, der IVVdN die »Alten«, also die tatsächlich Verfolgten des NS-Systems. Beide kooperieren mit der westdeutschen VVN-BdA. Aus der organisatorischen Konfusion soll wohl eine Fusion werden. Zusätzlich gibt es noch in (West-)Berlin sozusagen als Rest der SED-Dreistaatentheorie eine VVN-Vereinigung der Antifaschisten, ein kooperatives Mitglied des BdA.

Ein Beweis für die Vernetzung der verschiedenen Antifa-Organisationen ist die korporative Mitgliedschaft der VVN-BdA in der früher sowjetisch gesteuerten, aber noch bestehenden Fédération Internationale des Résistants (FIR). Deren korporative Mitglieder sind auch die »Lagergemeinschaften« von ehemaligen KZ-Häftlingen, die ihrerseits mit dem IVVdN und der VVN-BdA verbunden sind. Es gibt je eine für Ravensbrück, Sachsenhausen, Buchenwald und Auschwitz. Auch sie haben einen internationalen Überbau, das Internationale Auschwitz-Komitee.

Die Bereitschaft zur vollständigen Aufarbeitung der Vergangenheit ist auch in den »neuen« Organisationen des BdA gering. Auf dem Gründungskongreß kam es zu einer Diskussion über den Stalinismus mit dem bezeichnenden Ergebnis, es dürfe kein »Gleichzeichen« zwischen »Faschismus und Stalinismus« gesetzt werden. »Darum konnte auch der Auffassung von einzelnen Teilnehmern, den Bund der Antifaschisten auch mit dem Zusatz Bund der Opfer des Stalinismus zu versehen, nicht entsprochen werden. Kontrovers wurde auch diskutiert zu der Fragestellung, ob eine ›übertriebene‹ Auseinandersetzung mit dem Stalinismus nicht die Gefahr in sich birgt, den Widerstand gegen Neonazismus, Ausländerfeindlichkeit, Antisemitismus zu belasten und zu lähmen.«[36]

Die extreme Linke und »Antifa«

Anfang der siebziger Jahre entstanden im Westen zahlreiche revolutionär-marxistische Zirkel, rote Zellen und Kleinstparteien. Sie orientierten sich ideologisch überwiegend am Marxismus. Aber für alle Spielarten des Kommunismus, so zerstritten sie auch sein konnten, stand fest, daß der Kapitalismus aus ökonomischer Gesetzmäßigkeit zum Faschismus führt. Bei einigen mitgliederstarken Gruppen stand und steht der Kampf gegen »imperialistische Tendenzen« der BRD im Vordergrund, zum Beispiel für die 1982 gegründete Marxistisch-Leninistische Partei Deutschlands, die etwa 1500 Mitglieder hat. Sie beruft sich auf Marx, Engels, Lenin, Stalin und Mao Tse-tung und ist besonders wegen ihres Führungsanspruchs im linksextremen Lager kaum bündnisfähig. Die Marxistische Gruppe, die zuletzt rund 10000 Anhänger zählte und Merkmale einer Sekte aufwies, stand Bündnissen ebenfalls ablehnend gegenüber.[37] »Zum Teil betrieben MG-Mitglieder eigene Unternehmen oder Firmenketten, in denen fast ausschließlich Genossen beschäftigt werden.«[38] Am 21. Mai 1991 löste sich die Marxistische Gruppe selbst auf.

Für den Kommunistischen Bund, gegründet 1971, war der Kampf gegen die angeblich zunehmenden faschistischen Tendenzen ein zentraler Orientierungspunkt. Das Bürgertum habe, so der KB, aus einer Position der Stärke eine schrittweise Faschisierung betrieben. Daher sah der KB seine Aufgabe in der Stärkung der Gegenkräfte. Er verfügte über einen streng konspirativen Organisationsaufbau. Nach dem Umbruch in der DDR geriet der KB in eine Krise und spaltete sich. Der eine Flügel arbeitete führend beim Aufbau der PDS/Linke Liste mit. Somit ist ein Teil des aggressiv »antifaschistischen« Spektrums Westdeutschlands in der PDS aufgegangen. »Der KB-Funktionär Heinrich Eckhoff gehörte zu den maßgeblichen westdeutschen Initiatoren des Wahlbündnisses. Dieses Engagement zahlte sich aus. Zwei Bundestagsabgeordnete der PDS/Linke Liste gehören dem KB an.«[39]

Der andere Flügel hatte maßgeblichen Anteil an dem Projekt Formierung der »radikalen Linken«. In dem Grundlagenpapier dieser Gruppierung hieß es: »Die radikale Linke ist sehr dafür, die Faschisten auf's Maul zu hauen . . .« Der Aufstieg des »parteipolitischen Rechtsextremismus« (gemeint sind die Republikaner) sei logische Folge des »gesellschaftlichen Umbruchs der letzten anderthalb Jahrzehnte, der politisch von der CDU/CSU, SPD und FDP zu verantworten ist«.[40] Die Linke müsse den Haß auf das eigene Vaterland schüren und dieses bekämpfen. Das erklärte Ziel ist die Zerstörung des deutschen Staates und die Auflösung des deutschen Volkes in eine multikulturelle Gesellschaft. Im Monatsblatt *konkret* (Auflage 30000-40000), das als Sprachrohr von KB-Funktionären genutzt wird, pflichtet der Verleger diesen »antinationalen Ausfällen« bei: »Die Deutschen seien ein schlimmes Gesindel, besonders die Einwohner der fünf neuen Länder hätten mit ihren Montagsdemonstrationen gezeigt, daß sie ihre westlichen Brüder und Schwestern noch an Dummheit, Feigheit, Raffgier, Fremdenhaß und Chauvinismus überträfen.«[41] So erklärt sich auch, daß die beiden aus dem KB kommenden Bundestagsabgeordneten der PDS/LL, Andrea Lederer und Ulla Jelpke, die meisten parlamentarischen und außerparlamentarischen antifaschistischen Stellungnahmen abgeben.[42] Die Politik der Bundesregierung, aber auch der SPD begünstige den Rechtsextremismus und sei rassistisch. Auch hier erweist sich der Antifaschismus als Bindemittel zwischen gegensätzlichen und sonst uneinigen linken Gruppen.

Der 1980 durch Abspaltung vom maoistischen Kommunistischen Bund Westdeutschlands entstandene Bund Westdeutscher Kommunisten änderte seine Haltung nach dem Umbruch nicht. Für die Bündnispolitik bedient sich der BWK einer »klassischen Vorfeldorganisation«, der 1980 von der KPD/ML gegründeten Volksfront gegen Reaktion, Faschismus und Krieg. Der BWK erklärt, verschiedene Ansatzpunkte des Antifaschismus-Kampfes zu respektieren. Er arbeitet an der Errichtung einer gemeinsamen Front gegen »Reaktion und Faschismus«. Ein Schwerpunkt des BWK besteht in publizistischen Aktivitäten. So verlegt er neben dem BWK-Zentralorgan *Politische Berichte* und den *Antifaschistischen Nachrichten* der Volksfront acht »Nachrichten«-Blätter zu berufs- und fachspezifischen Fragen sowie rund 30 örtliche Publikationen (Lokalberichte).

Auf Abnehmer in der deutschen Terrorszene zielte das von »Angehörigen der politischen Gefangenen der BRD« herausgegebene *Angehörigeninfo* und die Reihe *Dokumentation zur Zeitgeschichte*, in der Texte ausländischer terroristischer Organisationen verbreitet werden. Nach dem Aufkommen der Republikaner behauptete die Volksfront, Faschisten und Reaktionären sei es nunmehr gelungen, ein faschistisches Programm zu erarbeiten, das den heutigen Verhältnissen der BRD entsprechend Konservatismus und Faschismus verschmelze. Die »Antifaschisten« müßten neue Anstrengungen unternehmen, um die Ziele der Republikaner als aktuelles Programm »faschistischer« Durchsetzung der Interessen des BRD-Imperialismus zu entlarven.

Antifaschismus-Arbeit von
»Autonomen« und Anarchisten

Organisatorisch ungebunden »antifaschistische« Aktivisten, die sich selbst als »Autonome« bezeichnen, sehen seit eh und je im Antifaschismus eine Möglichkeit, ihre lockeren Strukturen zu festigen und ihren subversiven Zielen näher zu kommen. So schrieben Autonome aus Göttingen in einem *Diskussionspapier zur autonomen Organisierung* (August 1991): »Autonome sollten sich unter dem Vorzeichen ›Antifa‹ organisieren von den Städten und Gemeinden bis zu bundesweiten Treffen. Die Stärke des autonomen Antifaschismus liege in dessen großer Mobilisierungsfähigkeit. Über die antifaschistische Selbsthilfe werde militante Praxis in den eigenen Reihen verankert und von anderen Menschen als legitim akzeptiert. Die Auseinandersetzung mit Nazis führte zwangsläufig zur Auseinandersetzung mit der Staatsmacht, den Bullen, damit erreicht der Kampf neue Dimensionen.«[43]

»Autonome« Gruppierungen hatten in den letzten Jahren vermehrt Zulauf. Das Bundesamt für Verfassungsschutz gibt die Zahl von 2300 »Autonomen« plus ein mobilisierungsfähiges Umfeld von mehreren tausend Personen mit Gewaltbereitschaft an.[44] Nach letzten Meldungen sollen es etwa 5000 sein (1993). Diese gewaltbereite Gruppierung hat kein einheitliches ideologisches Konzept; sie definiert sich über ein gemeinsames Lebensgefühl. So verbindet die verschiedenen »autonomen« Strömungen der Haß gegen Staat und Gesellschaft, auch »militante Antistaatlichkeit« genannt. Das ganze System müsse beseitigt werden. Die Autonomen halten Gewalt für unerläßlich. Der Wille zum Widerstand müsse sich praktisch in »militanten Angriffen« ausdrücken.

Diese »Antifa«-Gruppen erklären in Flugschriften und

Szeneblättern, zwischen bürgerlicher und »faschistischer« Ideologie gebe es keine wesentlichen Unterschiede. Teilweise greift man auf Faschismus-Thesen der Marxisten-Leninisten zurück. Der bürgerliche Staat dulde oder veranlasse faschistischen Terror, um Vorwände für reaktionäre Maßnahmen gegen Linke zu finden. Für die Autonomen sei es wichtig, die »Faschos« von der Straße zu verdrängen, um persönliche Bedrohung auszuschalten und zu verhindern, daß sich »faschistische« Propaganda ausbreiten könne. Anhänger autonomer Gruppierungen recherchieren und veröffentlichen wiederholt steckbriefähnliche Informationen über Anhänger rechtsextremer Organisationen und befürworten gezielte Angriffe auf solche Personen. Der Parole »Schlagt die Faschisten, wo ihr sie trefft« setzen Autonome im Ruhrgebiet die Empfehlung hinzu: »Trefft die Faschisten, wenn ihr sie schlagt.«

Linksextreme Autonome haben in Berlin mit überregionalem Anspruch eine »Antifa-Jugendfront« aufgebaut, die Anfang 1992 bereits 25 Ortsgruppen umfaßte. In einer Broschüre *Tips und Trix für Antifas* (50 Seiten) werden diese Gewaltaktionen als »antifaschistischer« Widerstand propagiert. Da die Aktionen illegal seien, müßten sie sehr gut vorbereitet werden. Um »Bullenknüppel« abzuhalten, könnten Stangen an Transparenten eingezogen werden. Zum »antifaschistischen« Selbstschutz empfehle sich geeignetes »Werkzeug« wie Tränengas, Holz und ähnliches. Vor Demos und Kundgebungen werde oft gefilzt. Falls trotzdem Waffen benötigt würden, müsse man sich genau überlegen, wie man sie reinkriege. Knüppel und anderes Handwerkszeug hätten nur dann einen Sinn, wenn man sie beherrsche. Training sei notwendig.

Neben allgemeinen praktischen Hinweisen über Vorbereitungen von Aktionen sowie Plakatieren und Sprühen gibt die

Broschüre auch einen Eindruck über den ideologischen Hintergrund der »Antifa-Jugendfront«. Dort wie auch in der Zeitung *Antifaschistisches Info* (erscheint vier- bis sechsmal jährlich) und dem *Antifa-Jugendinfo* wird der Staat mit »faschistischen« Tendenzen in Verbindung gebracht. »Faschistische« Gruppen arbeiteten im Interesse von Großkapital und staatlichen Institutionen. Ganz im Stil des SED-»Antifaschismus« werden alte Phrasen gedroschen. Der Polizeiapparat schütze die »Faschisten« und gehe einseitig gegen »Antifaschisten« vor. Deshalb werden in der Broschüre *Tips und Trix für Antifas* den Themen Festnahmen, Prozesse und Knast sowie Observationen durch staatliche Institutionen eigene Kapitel gewidmet. Man handelt nach dem Motto: »Kampf dem Faschismus und dem System, das ihn schützt! Gemeinsam die antifaschistische Selbsthilfe organisieren!«[45]

»Antifas« und Gewalt

Die Gewaltbereitschaft hat bei »antifaschistischen« Aktivitäten im gleichen Maße zugenommen, wie der theoretische Gehalt mit dem Zusammenbruch des Realsozialismus abgenommen hat. Die BWK-beeinflußte Volksfront arbeitet regelmäßig mit den örtlichen autonomen Gruppen zusammen. Wenn diese Organisation hier als Beispiel gewählt wird, darf nicht außer acht bleiben, daß praktisch das gesamte linksextreme Spektrum in Bündnissen mit »Autonomen« auftritt. Nichtsdestoweniger wird die Gewaltfrage in den eigenen Reihen diskutiert, weil man auch außerhalb der gewalttätigen Gruppen bündnisfähig sein möchte. In Diskussionsbeiträgen in der Verbandszeitschrift *Volksecho* hieß es unter anderem, wer es engagierten Volksfrontlern untersagen wolle, den »Faschisten« Paroli zu bieten, wolle aus der Volksfront eine gewaltfreie Jammerorganisation machen. Die Parole »Schlagt die Faschisten, wo ihr sie trefft« müsse auch in der Volksfront Berechtigung haben. Deren Mitglieder seien keine Pazifisten, sondern revolutionäre »Antifaschisten«. Gewaltsame Auseinandersetzungen mit den »Faschisten« und meistens auch mit der sie unterstützenden Polizei seien unumgänglich und notwendig.

Die Antifa-Jugendfront rechtfertigt die Gewaltanwendung so: »›Gewalt erzeugt Gegengewalt.‹ Diesen Spruch bekommen wir oft an den Kopf geworfen, wenn wir gegen Nazis militant vorgehen. Eine Feststellung, die wohl besagen will, irgendwo hat irgendwer irgendwen auf's Maul gehauen, und seitdem gibt es halt Gewalt. Wie bei zwei Jugendgangs, die grund- und sinnlos in einer nichtendenden Gewaltspirale jedesmal meinen, sich aneinander rächen zu müssen. Leute, die meinen, mit solchen Weisheiten beispielsweise erklären zu können, warum es Nazis und Antifas gibt, haben offensichtlich von den realen Gegebenheiten auf der Straße keine Ahnung.«[46]

Die Hemmschwelle zur Gewaltanwendung ist in Kreisen der »antifaschistischen Widerstandskämpfer« deutlich gesunken, und zwar keineswegs als Reaktion auf rechtsextreme Gewalt. In einer undatierten Broschüre *Die antifaschistische Selbsthilfe organisieren* fordern »autonome Antifaschisten« zu Angriffen auf Rechtsextremisten auf. Ein erster Schritt sei es, Bilder und Adressen von »Faschisten« zu veröffentlichen; damit würden diese erkennbar, beobachtbar und angreifbar. Es sei wichtig, ihre Verbindungen, Treffpunkte, Wohnungen, Druckereien, Autos und so weiter zu kennen; dadurch könne ihnen »die Ruhe genommen werden«. »Faschistische« Organisierung sei ohne Gewalt letztlich nicht zu verhindern. Die Bundesrepublik Deutschland, so heißt es weiter, sei zwar kein »faschistischer« Staat, der Übergang dazu sei aber schon heute angelegt. Daraus ergebe sich die Frage: »Warum das Übel nicht an der Wurzel packen?« Dies bedeute, das System und die Verantwortlichen anzugreifen.

Die Zahl krimineller Aktionen gegen wirkliche oder vermeintliche Rechtsextremisten ist seit 1989/90 gestiegen. Zum Beispiel verübte am 11. Oktober 1991 eine »antifaschistische Zelle« einen Brandanschlag auf das Anwesen eines Repräsentanten der Deutschen Volksunion (DVU). In einer Selbstbezichtigung wurden Namen und Anschriften weiterer Mitglieder der DVU, der Nationalistischen Front und der Republikaner publiziert. Zwei von ihnen wurden Opfer von Anschlägen mit Sachbeschädigung. Am 26. Oktober 1991 überfielen etwa 60 Vermummte das Haus des österreichischen Rechtsextremisten Karl Polacek (Landesvorsitzender der Freiheitlichen Arbeiterpartei) in Mackenrode/Göttingen. Die Angreifer, die sich selber »autonome Antifaschisten und Antifaschistinnen« nannten, warfen mit Steinen und schossen mit Stahlkrampen. In einer Bekennerschrift bezeichnen sie den Überfall als »erfolgreich«, wörtlich: »Die Nazis hatten 15 Verletzte zu beklagen, wir keinen einzigen.« Das Schreiben endet mit der Drohung: »Für die militante Initiative – die Antifaschistische Selbsthilfe organisieren – Nazis auf's Maul – Wir kommen wieder.«

In Berlin überfielen »autonome antifaschistische AktivistInnen« den Neonazi Oliver Schweigert (Vorsitzender der Nationalen Alternative in Berlin). Im autonomen Szenenblatt *Interim* vom 31. Oktober 1991 schrieben sie dazu: Man habe Schweigert während eines Interviews für das französische Fernsehen erwischt, in einen Hauseingang getrieben und dort verprügelt. Wörtlich: »Wir hoffen, daß die Verletzungen so schwer sind, daß dieses Oberschwein da lange Probleme mit hat.« Den »Reporterärschen«, die den »Nazis« gegen Geld Werbeauftritte verschaffen, habe man die Aufnahmen entwendet. Das Bekennerschreiben endet mit den Worten: »Verschärfte Grüße an die GenossInnen, die in Göttingen Karl Polaceks Haus angegriffen haben!!!«[47]

Die Mobilisierung von ausländischen Jugendbanden ist ein weiteres Anzeichen für die Bedrohung des Rechtsstaates. Im Herbst 1990 erstach der vorbestrafte Ayhan Öztürk den Republikaner René Grubert in der Berliner S-Bahn und verletzte zwei weitere Deutsche schwer. Der Täter wurde wegen Notwehr freigesprochen. Im selben Jahr brachten Angehörige ausländischer Jugendbanden auf dem Berliner Alexanderplatz einen jungen Mann aus Dresden mit einem Baseballschläger um. Die Täter befinden sich mit Bewährungs- und Geldstrafen auf freiem Fuß. In der Nacht vom 3. zum 4. April 1992 erstach eine Gruppe von Ausländern den 47jährigen Elektroingenieur Gerhard Kaindl aus Berlin-Schöneberg. Der Hintergrund des Attentats: Ein Gast des Kreuzberger Chinarestaurants, in dem die Bluttat geschah, erkannte die siebenköpfige Gruppe, unter der sich Kaindl befand, als Republikaner. In der Tat hatte Kaindl bis September letzten Jahres dieser Partei angehört. Die Täter stießen ihm ohne Vorwarnung ein Messer in den Rücken. Eine weitere Person wurde ebenfalls durch Messerstiche schwer verletzt. Der Wirt des Restaurants verhinderte mit seiner Gaspistole weitere Bluttaten. Die *Berliner Zeitung* gab linksextremen Gewalttätern aus der Kreuzberger Szene die Gelegenheit, den Mord ideologisch zu rechtfertigen. Insbesondere von autonomen Gruppen werden ausländische Banden gezielt für politische Gewalttaten benutzt. Bezeichnend für die Einerseits-Andererseits-Haltung ist die Reaktion der PDS-Zeitung *Neues Deutschland*: Die Mordtaten werden »abgelehnt«, aber staatliche Maßnahmen gegen den kriminellen »Antifaschismus« gelten als Versuch der »Kriminalisierung« und erscheinen in negativem Licht.[48]

Neben dem »Antiimperialismus« nimmt der »Antifaschismus« bei den verschiedenen terroristischen Gruppen eine wichtige Stellung ein. Insbesondere die Rote Armee Fraktion rechtfertigte ihre Aktionen als Widerstand gegen die »faschistische« BRD. »Wie bedeutend der Faschismusvorwurf für die RAF auch für ihren praktischen Kampf ist, läßt sich daran ablesen, daß ein Großteil der neurekrutierten Mitglieder der Kommandoebene nun schon seit Jahren aus sogenannten Antifaschistischen Gruppen kommt. Aus diesen Gruppen erwuchs auch die seit 1985 festzustellende neue Entwicklung, Anschläge durch militante Unterstützer ausführen zu lassen.«[49] Der »Antifaschismus« dient auch hier als wichtiges Bindemittel zwischen terroristischem Untergrund der legalen Linken und der »autonomen« Szene.

Im terroristischen Umfeld geht es nicht nur um Angriffe auf den Staat; ein Schwerpunkt liegt auch in der Antifa-Arbeit. So heißt es jedenfalls in dem Untergrundblatt *Radikal*, Nr. 140 vom Juni 1990[50], zur virulent sich entwickelnden Antifa-Kampagne. Unter dem Motto »Schlagt die Faschisten, wo ihr sie trefft! Wir scheißen auf Großdeutschland! Wir scheißen auf das Vaterland!« wird ausgeführt: »Seit dem 9. November laufen die Entwicklungen im Raketentempo ab. Die Wiedervereinigung steht vor der Haustür – das BRD-Kapital strömt geifernd in den Osten . . . Die erste Antwort einer linksradikalen Bewegung auf die laufende Wiedervereinigung muß sich zuerst und vor allem darin orientieren, den Faschos, die sich mit ihren rassistischen und sexistischen Parolen auf der Straße fettmachen, eine entsprechende militante Gegenwehr in den Weg zu stellen. Gegenwehr sind Patrouillengänge, die Fascho-Gruppen ausfindig machen, sind organisierte Frauenbanden, die denen auflauern und die Fresse einhauen. Gegenwehr sind Telefonketten, die ausgelöst werden, wenn Flüchtlingslager angegriffen werden.« Man dürfe nicht warten, bis die Faschos vor der Tür stehen, sondern müsse »sie von sich aus angreifen« und »illegale Strukturen hier und jetzt aufbauen«. Es gelte »... undeutsch zu sein bis ins letzte Fuzzelchen des Alltags: Klauen, Rauben, Einbrechen, Besetzen, Solidarisieren!« Diesen Ausführungen sind Listen von Aktivisten der FAP und DVU beigefügt.

Weiterhin erfährt man in *Radikal* auch etwas über die Zusammenarbeit mit ausländischen Jugendbanden. So wird ein fünfseitiges Interview mit einem türkischen Genossen abgedruckt, in dem ausführlich auf die Perspektive der weiteren Mobilisierung ausländischer Jugendbanden für linksextremistische Kampagnen und die Möglichkeit gemeinsamen Agierens mit militanten Autonomen eingegangen wird. Bei den damaligen (1990) gewalttätigen Auseinandersetzungen mit den Polizeikräften war die Präsenz dieser Jugendgangs stärker als jemals zuvor. Dazu heißt es unter anderem: »... unter den Umständen der auf uns zukommenden Wiedervereinigung, der nazistischen Überfälle und der Ausländergesetze werden die Jugendlichen sicher mehr Banden bilden. Nicht nur in Westberlin, sondern auch in Westdeutschland werden Jugendbanden entstehen. Demnächst werden diese Banden nicht mehr Jugendbanden genannt, sondern politische Banden.«

Praktische Tips dürfen ebenfalls nicht fehlen. Die genannte Ausgabe von *Radikal* enthält eine obligatorische Bastelanleitung für Komponenten von Brand- und Sprengsätzen. Die autonomen Techniker stellen nun die Bauanleitung für einen »länger programmierbaren«, nach dem Verstärkerprinzip arbeitenden Zeitzünder vor, der »sehr klein«, »extrem zuverlässig« und damit »sicherer« ausfalle. Den in der

Anleitung angeführten Bausatz könne »jeder absolute Anfänger« bauen. »Genauigkeit ist auch bei den Autonomen angesagt, denn bei vielen Aktionen ist es angebracht, nicht nur einen Mollie wo reinzuknallen und dann zu türmen, sondern in Ruhe was abzulegen und in Ruhe wieder weggehen zu können«, heißt es in der Anleitung. Die Revolutionären Zellen bekannten sich am 30. Juni 1992 zu zwei Sprengstoffanschlägen gegen »rechts«. In der *taz* vom 2. Juli 1992 kam unter der Überschrift *Jetzt reicht's mit dem braunen Dreck* eine Rechtfertigung. Dem *Münchener Anzeiger* und der PR-Agentur Althans wurden faschistische und rassistische Propaganda vorgeworfen. Vor den Häusern des *Anzeigers* und der Agentur waren sprengstoffgefüllte Rohre entdeckt worden.

Über terroristische Verbindungen liest man in der *Hannoverschen Allgemeinen Zeitung* (7. Februar 1992) und der Polizeizeitung *Kriminalistik* (März 1992): »Charakteristisch für die zunehmende Gewaltbereitschaft ist eine im Oktober 1987 bundesweit verbreitete Tatbekennung zu einer militanten ›Antifa‹-Zelle, in der offen die Kriterien für einen ›politischen Mord‹ erörtert wurden . . . ähnlich nüchtern und kaltblütig wie einige Wochen davor in dem Selbstbezichtigungsschreiben der RZ (Revolutionäre Zellen) zu dem Pistolenanschlag auf den Berliner Verwaltungsrichter Dr. Günther Korbmacher am 1. September 1987.« Dem Ausbau einer bundesweiten Antifa-Struktur räumen deutsche Linksextremisten – insbesondere im Bereich militanter autonomer Gruppen, des RAF-Umfelds und der Revolutionären Zellen (RZ) – seit 1991/92 Priorität ein. Damit wächst das Potential gewalttätiger und bewaffneter Konfrontationen zwischen Rechts- und Linksextremisten stetig. »Die Mobilisierungsfähigkeit und Schlagkraft der Antifa-Zellen nimmt seitdem zu. Geplante überfallartige bewaffnete Angriffe auf Rechtsextremisten mit immer mehr Verletzten und Schwerverletzten, der Schulterschluß mit türkischen ›Jugend-Gangs‹ wie in Berlin und Stuttgart oder bereits mehrere Angriffe militanter ›Antifas‹, die Schußwaffen führten, verdeutlichen diesen Trend.«

So werden auch qualitative Unterschiede zwischen den stark angestiegenen rechtsextremen Gewalttaten und den von Linksextremisten eingeräumt. Den Neonazis fehle es trotz der Brutalität der Überfälle bisher »noch weitgehend an Organisationsgrad, intelligentem Schrifttum, Raffinesse der Anschlagsplanung und Profil der Führungskader, Merkmale, die das systematische Vorgehen linksextremistisch motivierter Straftäter auszeichnen ... Insgesamt betrachtet entsteht hier bei der gegenwärtigen Gemengelage in der Gesamtheit betrachtet ein bedenkliches Gewalt- und Konfrontationspotential, das die Sicherheitsorgane hinsichtlich präventiver und repressiver Konzeptionen vor neue Herausforderungen stellt.« So ist klar, daß auch die Antifa-Jugendfront (AJF) von den Verfassungsschutzbehörden beachtet wird. In einem internen Bericht des Landesamtes für Verfassungsschutz Berlin heißt es angeblich: »Die Tätigkeit der AJF Berlin richtet sich gegen den Bestand der freiheitlich-demokratischen Grundordnung, also gegen den Kernbereich des Grundgesetzes. Damit erfüllt die AJF die Kriterien einer extremistischen Bestrebung.«[51]

Die Stärke der unzähligen linksextremen antifaschistischen Initiativen ist schwierig einzuschätzen. Schwerpunkte der Antifa-Arbeit liegen in Berlin, Hamburg und im Ruhrgebiet, aber auch in Freiburg, Köln und Göttingen. Die Anhängerzahl linksextremistischer Organisationen ist seit dem Umbruch in der Sowjetunion und besonders seit dem Zusammenbruch des SED-Regimes stark zurückgegangen. Der Antifaschismus hat daher die Rolle der letzten Bastion der übriggebliebenen Linksextremisten erlangt. Stark angestiegen ist die Gewaltbereitschaft. Der Organisationsgrad der »Autonomen« hat erheblich zugenommen. Dies ist sicherlich auch eine Reaktion auf die Erfolge rechter Parteien. Hinzu kommt, daß linksextreme »Antifaschisten« mit der PDS eine finanzstarke Partei an ihrer Seite haben.

Der Antifaschismus zieht seine Rechtfertigung aus den Wahlerfolgen rechter und rechtsextremer Parteien. Der durch die SED-Politik diskreditierte Antifaschismus hat sich zum Teil erholt, obwohl die Anhängerzahl abgenommen hat. Nach wie vor hilft der »Antifaschismus« den Extremisten, von demokratischen Gruppen als das kleinere Übel bei gemeinsamen Aktionen wenigstens toleriert zu werden.

Deutsche Einheit und Antifaschismus

Mit der Auflösung des Ostblocks und der DDR kam es zu einer Krise der systemtragenden Werte. Auch der Antifaschismus, Daseinsraison des DDR-Regimes, konnte davon nicht unbeeinflußt bleiben. Weil nach der Wende 1989/90 rechtsextreme Tendenzen zunahmen und deutlich wurde, daß es schon Jahre zuvor ähnliche Erscheinungen gegeben hatte, wurde die Wirkungslosigkeit des staatsoffiziellen Antifaschismus bewußt. Das Schlagwort vom »verordneten Antifaschismus« kam auf. Damit sollte kritisiert werden, daß der rechtlich und politisch verbindliche Antifaschismus oberflächlich geblieben war und das Bewußtsein der Staatsbürger nicht erreicht hat. Dennoch ist die These vom »verordneten Antifaschismus« fragwürdig. Denn wenn man sich auf den Boden der marxistischen Faschismus-Deutung stellt, war die antifaschistische Haltung der DDR durchaus konsequent und effektiv.

Nach marxistischer Auffassung ist der Faschismus eine Funktion des Kapitalismus. Nur solange sie sich sicher fühlen, akzeptieren die Herren des Kapitals demnach Liberalismus und Demokratie. Fühlen sie sich bedroht, heuern sie eine »faschistische« Prätorianergarde an, die antikapitalistische, revolutionäre Bewegungen niederhält. Wahrer »Antifaschist« kann also nur sein, wer die private Verfügungsgewalt über Produktionsmittel aufheben will. Damit wäre den »Faschisten« und ihren Förderern die sozio-ökonomische Basis entzogen.

Genau dies wurde aber seit 1945/46 in der DDR praktiziert. Alle »faschistischen, militaristischen und rassistischen« Äußerungen wurden mit Härte unterdrückt. Daß sie gelegentlich vorkamen, beweist keine Inkonsequenz in deren Bekämpfung, ebensowenig die Tatsache, daß zahlreiche ehemalige Nationalsozialisten »in Pankows Diensten« standen, wie westliche Propagandabroschüren behaupteten und bewiesen. Da den ehemaligen Nationalsozialisten die sozio-ökonomische Basis entzogen war, konnten sie der marxistischen Theorie zufolge nicht gefährlich werden. Genau diese Konsequenz erschien bis 1989 vielen westdeutschen Volksfrontapologeten und anderen, die auf eine Verständigung mit der SED hofften, als vorbildlich. Auch in Westdeutschland wurde das Verbot aller »faschistischen und militaristischen« Organisationen gefordert. Die marxistische Faschismus-Theorie ließ dabei allerdings außer acht, daß der sogenannte »Faschismus« nicht nur sozio-ökonomische und sozio-strukturelle, sondern auch sozialpsychologische Gründe hat, die von der »Basis«, nämlich der sozio-ökonomischen Struktur unabhängig sind.

Kritik am »verordneten Antifaschismus« ist auch deshalb unberechtigt, weil in Westdeutschland der Kampf gegen rechtsextreme Erscheinungen, gegen den sogenannten Faschismus oder »Neofaschismus« ebenfalls »verordnet« war. Teilweise gab und gibt es verfassungsmäßige und gesetzliche Regelungen. Die Badische Verfassung von 1947 ist tatsächlich – was vom Grundgesetz fälschlich behauptet wurde – eine »antifaschistische« Verfassung. Das Gesetz gegen die sogenannte »Auschwitz-Lüge« und die früheren Entnazifizierungsgesetze zählen zu den in diesem Sinne »antifaschistischen« Verordnungen. Darüber hinaus ist aber alles Rechte und Rechtsextreme auch gesellschaftlich, von der herrschenden Meinung, geächtet. In Westdeutschland gibt es mithin einen gesellschaftlich verordneten Antifaschismus. Gesetzliche Regelungen und gesellschaftliche Ächtung haben jedoch auch hier das Entstehen rechtsextremer Gruppen und Bestrebungen nicht verhindern können.

Die Behauptung, der DDR-Antifaschismus sei wirkungslos gewesen, da von oben verordnet, ist eine linke Bewältigungslegende. Deren Aufgabe ist es, die belastete SED-Staatsdoktrin abzulehnen, um auf diese Weise einem »besseren« Antifaschismus Attraktivität zu verleihen. Wie sollte dieser aussehen?

Intellektuelle und Künstler in Ost und West versuchten, mit dem »Antifaschismus« die Eigenart der DDR zu erhalten und die Wiedervereinigung zu verhindern. Diese antinationale Zielsetzung war zugleich eine pro-sozialistische. Unter Ablehnung des verkürzt und verfälschend als Stalinismus bezeichneten »real existierenden« Sozialismus sollte eine sozialistische Erneuerung auf »humanitärer« Basis erstrebt werden – dies sollte nur bei Aufrechterhaltung der Eigenstaatlichkeit der DDR möglich sein. Die antifaschistisch-demokratische Periode der SBZ beziehungsweise der DDR von 1945 bis 1949 wurde als positiv, als Aufbruch und Aufbau einer besseren Ordnung romantisiert. Daß gerade diese Zeit ein Abschnitt schlimmsten stalinistischen Terrors war, wird verdrängt, verschwiegen und geleugnet. Die Bundesrepublik gilt demgegenüber als kapitalistisch, als ein Staat der Bourgeoisie, so daß eine Wiedervereinigung in Form eines »Anschlusses« an die Bundesrepublik das Ende jeglichen Sozialismus bedeuten würde.

Mit dem Untergang des »real existierenden Sozialismus« hat der Antifaschismus an Bedeutung, Einfluß und Gewicht verloren. Grundsätzlich hat er aber seine Funktion behalten, indem er sich als Fluchtpunkt für eine gesellschaftliche Utopie darstellt, als eine Art Sozialismusersatz. Er dient heute nicht zuletzt der Aufrichtung verstörter Intellektueller. Die moralische Komponente ermöglicht es, ihn gegen alles »Faschistische« einzusetzen – vom bourgeoisen Establishment bis zu den Skinheads. Er hält auch die Erinnerung an den Nationalsozialismus wach, der sonst angeblich in Vergessenheit gerät oder angesichts der Taten der kommunistischen Regime relativiert werden könnte. In der Tat meinen auch westliche Beobachter, Auschwitz werde keine Bannformel bleiben, bei der die Deutschen in angestrengte Selbstbetrachtung verfallen, um sich schließlich in der Exklusivität der Schuld als etwas Besonderes zu erkennen.[52]

In der Tagespolitik soll der Antifaschismus gesellschaftskritischen Einzelkämpfern, aber auch Parteien wie der PDS die moralische Legitimation für ihren Kampf gegen die etablierte Ordnung geben. Zugleich festigt er die eigene Position, da jeder Gegner gezwungen ist zu beweisen, daß er kein Faschist ist. Zahlreiche »progressive« Intellektuelle distanzieren sich heute vom »real existierenden Sozialismus«, da er preußisch, bürokratisch, staatsorientiert und asketischen Idealen verpflichtet gewesen sei. Sie wenden sich einem hedonistischen Gefühlssozialismus zu, wobei der Antifaschismus wegen seines angeblichen humanitären Eintretens gegen Ungleichheit das moralische Argument liefert.

Gleich nach der »Wende« wurde versucht, den Zusammenbruch des Sozialismus als Sieg des Kapitalismus zu deuten und vorauszusagen, daß dies zur Erneuerung des Rechtsextremismus führen werde. Der Kapitalismus galt ja als Ursprung des Faschismus. Auch in Zukunft werde der Kapitalismus den Faschismus fördern, weil sich nicht nur die wirtschaftliche Effektivität steigere, sondern auch der soziale Problemdruck erhöht werde. Rechter Fundamentalismus werde die Folge sein.[53] Ralph Giordano meint, das DDR-Regime habe zwar die ökonomische Basis des Faschismus zerschlagen, aber keinen Raum für klassische bürgerliche Freiheiten gelassen. Es habe den Antifaschismus verordnet.[54] Ganz im Sinne Giordanos vertritt auch Arno Klönne die Auffassung, »Antifaschismus« lasse sich nicht polizeistaatlich verordnen. Die freie Debatte sei notwendig – wofür? Um das »Aufkommen von politischen Gefühlen und Weltbildern, die ihre Verwandtschaft mit dem Faschismus haben«, zu vermeiden.[55] Gibt es in Westdeutschland keine freie Diskussion? Oder wie erklärt es sich, daß auch dort, wo der »Antifaschismus« nicht »polizeistaatlich« verordnet war, Rechtsextremismus hervorgetreten ist?

Frieder O. Wolf kritisierte das »antifaschistische« Geschichtsbild. Der historische »Antifaschismus« der dreißiger und vierziger Jahre sei widerspruchsvoll gewesen. Durch den Kampf gegen den »Sozialfaschismus« der Sozialdemokraten und die Bolschewisierung und Stalinisierung der KPD sei die Einseitigkeit und Halbherzigkeit des offiziellen »Antifaschismus« verborgen geblieben. So zutreffend der sachliche Gehalt dieser Kritik ist, fragt sich doch, ob offene Diskussion unter Historikern den sogenannten Faschismus stoppen kann, denn in der westlichen Welt hat es an offener Diskussion nicht gefehlt.[56]

Die Deutung des »Antifaschismus« hat sich seit 1989/90 qualitativ, nicht quantitativ verändert. Die Zunahme innerer sozialer und politischer Spannungen und das Erstarken eines virulenten Rechtsextremismus scheinen den Skeptikern von 1989 Recht zu geben. Obwohl der Anspruch des Sozialismus, Bewegungsgesetze von Geschichte und Gesellschaft kennen und sichere Prognosen liefern zu können, gescheitert ist, hat sich bestätigt, daß die »Re-Kapitalisierung der ehemals sozialistischen Staaten« den »Faschismus« begünstigt. Da es den Kritikern nicht um Bestandsaufnahme, sondern um theoretisch angeleitete Praxis geht, stellt sich die Frage, welches Ziel sie haben. Sie wollen keinen asketischen Sozialismus, der »preußische Werte« vertritt, sondern einen hedonistischen, anarchistisch-libertären Sozialismus, der Antikapitalismus und individuelle Freiheit miteinander verbindet. Der Sozialismus entwickelt sich von der Wissenschaft zur Utopie zurück.

Antifaschismus und Intellektuelle

Der Antifaschismus war und ist vor allem eine Ideologie von Intellektuellen. In der Auseinandersetzung um Christa Wolfs Buch *Was bleibt* hat Ulrich Greiner in der *Zeit* die Haltung der Intellektuellen zum Sozialismus und Antifaschismus auf den Punkt gebracht: »Wir haben die DDR nie so gesehen, wie sie wirklich war, sondern immer nur in den instrumentellen Zusammenhängen der alten Paradigmen Faschismus contra Antifaschismus, Kommunismus contra Antikommunismus.«[57]

Politische Ideen werden von sozialen Gruppen gestützt – der Liberalismus vom Bürgertum, der traditionelle Konservatismus von besitzenden, ökonomisch und politisch herrschenden Schichten, der Sozialismus von der Arbeiterbewegung. Der Antifaschismus ist eine Schöpfung von Intellektuellen, die besonders auch bei Halbgebildeten und stark emotional gesteuerten und psychisch labilen Menschen auf positive Resonanz stößt. Dies gewinnt politische Bedeutung, weil zwischen Politik und Kultur, Macht und Geist in Deutschland von jeher ein Widerspruch besteht. Im »Antifaschismus« bündeln sich Rationalismus und Emotionalität, Herrschafts- und Kapitalismuskritik und hohe moralische Ansprüche, so daß mit seiner Hilfe intellektuelle Minderheiten einen sonst kaum erreichbaren Einfluß erlangen konnten.

Wenn hier von »Intellektuellen« die Rede ist, so sind Menschen gemeint, »die die Macht des gesprochenen und geschriebenen Wortes handhaben« (Arnold Gehlen). Zu ihnen zählen hauptsächlich Geistes- und Sozialwissenschaftler, Publizisten und Künstler, nicht jedoch Angehörige der verwaltungstechnischen, juristischen, naturwissenschaftli-

chen und technischen Intelligenz.[58] Während die naturwis-
senschaftliche, technische und juristische Intelligenz in dem
Sinne zum »Establishment« gehört, daß sie politische und
gesellschaftliche Funktionen ausübt und ihre Interessen eine
systemkonforme Haltung veranlassen, sind die Intellektuellen im Sinne Gehlens »freischwebend«. Sie neigen dazu, aus
einer Position der Machtferne politische und soziale Zusammenhänge zu analysieren und zu kritisieren. Diese Intellektuellen stammen größtenteils aus dem Bildungsbürgertum
und haben in der Regel keine oder nur eine lockere Bindung
zu staatlichen und gesellschaftlichen Institutionen. Sofern
das – wie bei Angehörigen der Lehrberufe – doch der Fall ist,
kann man von einem Strukturwandel der Intellektuellen
sprechen, da in früheren Jahrzehnten auch dieser Personenkreis zur staatstragenden Intelligenz gehörte.

Kennzeichnend für sehr viele Angehörige des Bildungsbürgertums ist eine starke Antipathie gegen den »Bourgeois«, der als ungeistig, profitorientiert, materialistisch, ei-
gensüchtig und oberflächlich wahrgenommen wird. Mit der
Kritik an Gesellschaft und Herrschaft verknüpft sich die humanistisch inspirierte Idee einer besseren Welt. Viele Intellektuelle orientieren sich an einer aktivistischen, antimilitari-
stischen, pazifistischen und »rational« orientierten Utopie,
am Ziel einer friedlicheren, menschlicheren, gerechteren
Welt, die noch zu verwirklichen ist und im Sozialismus erhofft wurde und wird.

Im Gegensatz zur organisierten Linken, zu den Organisationen der Arbeiterbewegung, herrscht bei progressiven Intellektuellen ein gewisses elitäres Selbstverständnis, ein Bewußtsein, Kenntnis vom rechten Wege zum Heil zu haben,
die der dumpfen und verblendeten Masse mitgeteilt werden
müsse. Aufklärerischer Tradition entstammend und der Forderung nach künstlerischer, literarischer und wissenschaftli-

cher Freiheit verpflichtet, erscheint diesen Intellektuellen leicht jede Bindung als Zwang, jede Regel als Bevormundung, jedes Gesetz als Knechtung. Dieses Freiheitsstreben schließt die Verneinung von sogenannten »harten« Werten wie Askese, Pflichtbewußtsein, Disziplin, Uniformiertheit, Gehorsam, Zucht, Ordnung ein. Es handelt sich hier um genau jene Werte, die den Befürwortern des starken Staates, der schließlich im Dritten Reich kulminierte, viel galten. In der Ablehnung dieser harten, asketischen Werte erkennt man eine hedonistische Orientierung. Das Gegenbild aber ist der »Faschismus«, der nach dem Grundsatz »Du bist nichts, dein Volk ist alles« Hingabe, Opfermut bis hin zur Opferung des Lebens und der eigenständigen Persönlichkeit verlangt. Die Frontstellung der Intellektuellen zum »Faschismus«, ihre prinzipielle »antifaschistische« Grundhaltung, ist so durchaus nachvollziehbar.

Die durch Hedonismus und Herrschaftskritik gegebene Affinität der Intellektuellen zum »Antifaschismus« wird in Deutschland besonders durch die nationalsozialistische Vergangenheit vertieft. Sie hat in der Geisteshaltung der Deutschen einen Bruch bewirkt. Das Grundgefühl der Fehlanpassung in der bestehenden Gesellschaft führte bei vielen Intellektuellen zur Wahrnehmung von Kontinuitäten zur abgelehnten, aber angeblich nicht überwundenen nationalsozialistischen Zeit. Nach der Wende von 1945 wurde die politische Ordnung als »restaurativ« kritisiert, weil die angeblichen »Wurzeln des Faschismus« nach 1945 nicht überwunden, sondern restauriert worden seien.

Die Gegnerschaft gegen den »Faschismus«, sei sie nun intellektuell, moralisch oder politisch motiviert, bewirkt eine hohe Mobilisierungs- und Integrationsbereitschaft. Was veranlaßt die »Antifaschisten«, sich zu engagieren, Aktionen einzuleiten, auch Opfer zu bringen? In der sozialpsychologischen Deutung gehört zu der brüderlich-familiären Gesinnungsgeborgenheit die Bestimmung des Fremden, des Feindes, als des konstituierenden Außen, von dem aus die Glaubensgemeinschaft als das »große Wir« sich überhaupt erst verstehen und die seelisch-geistige Sicherheitswirkung entfalten kann. Die Bestimmung des Feindes personifiziert Ursachen für ein mögliches Scheitern und stellt damit Ziele für eine Aggressionsabfuhr bereit.[59]

Die Kritische Theorie, vertreten durch Max Horkheimer, Theodor W. Adorno und Erich Fromm, hat die Struktur einer autoritären, faschistischen Persönlichkeit entworfen. Diese Persönlichkeit ist bestimmt durch eine bedingungslose Anerkennung alles Mächtigen und verachtet das Schwache. Hinzu kommen unkritische Unterwürfigkeit, stereotype Verhaltens- und Denkweisen, eine Wertschätzung von konventionellen Werten wie Erfolg, Fleiß und Tüchtigkeit, sexuelle Verdrängungen, Aggressivität gegenüber Minderheiten und eine innere Abwehr von allem, was »Sicherheit« gefährden könnte.

Erich Fromm hat in seiner 1947 in den USA und 1966 in deutscher Übersetzung veröffentlichten Studie *Die Furcht vor der Freiheit* die psychische Situation des Menschen in der modernen Industriegesellschaft analysiert. Sie gibt dem Individuum das Gefühl der Bedeutungs- und Hilflosigkeit, der Isolation und der Ohnmacht angesichts eines übermächtigen und unpersönlichen Systems. Um diesem Gefühl der Vereinsamung und Unsicherheit zu entgehen, bedient sich das Individuum psychischer Fluchtmechanismen, der masochistischen Neigung zur Unterwerfung und der sadistischen Neigung nach Beherrschung anderer. In Fromms Erklärungsansatz ist der »Faschismus« das System, das die psychischen Bedürfnisse des sadomasochistischen Charakters befriedigen kann. Faschismus biete die Möglichkeit, andere zu beherrschen und sich gleichzeitig einer Autorität zu unterwerfen.

Wilhelm Reich führt in seiner *Massenpsychologie des Faschismus* den Faschismus auf die in der autoritären Familie unterdrückte Sexualität zurück. Diese Hemmung führe zu einer allgemeinen Denk- und Kritikunfähigkeit. Jede selbständige und freiheitliche Regung des Kindes wird mit Angst besetzt. Damit lege die autoritäre Familie das Fundament für den autoritätsgläubigen Erwachsenen, den duldsamen Untertanen. Als negative Konsequenz entstehe daraus die Unfähigkeit, das Leben bewußt einzuschätzen und zu gestalten. Die Suche nach Ersatzbefriedigungen lenke den sexuellen Trieb auf andere Ziele wie zum Beispiel den Militarismus um. Reich wendet dieses Modell auf den deutschen Kleinbürger an, eine Schicht, die die Hauptanhängerschaft des Nationalsozialismus gebildet habe. Die repressive, patriarchalische Sexualmoral führe zur Orientierung an stabilisierenden »Sekundärtugenden« wie Ehre, Pflicht, Tapferkeit und Selbstbeherrschung.

Die zitierten Kritiker sehen im freien, demokratischen, revolutionären Charakter das Gegenbild zur autoritären Persönlichkeit. Der kritische Denker will durch menschliches Eingreifen verändern und aus eigener Kraft handeln und gestalten. Er glaubt zu wissen, daß Krieg, Leiden, Herrschaft, Ausbeutung beendet werden können. Den Sieg der Freiheit hält er aber nur für möglich, wenn in einer freien klassenlosen Gesellschaft die Herrschaft von Menschen über Menschen aufgehoben ist, so daß das Individuum keiner Macht untergeordnet ist, weder staatlicher noch ökonomischer Kontrolle. Es versteht sich, daß die »libertären« sozialpsychologischen Deutungen bei gesellschaftskritischen Intellektuellen starken Widerhall finden. Den westlichen Demokratien, insbesondere der deutschen, werfen sie vor, die nationalsozialistische Vergangenheit weder politisch-moralisch noch strukturell aufgearbeitet zu haben, sondern im Gegenteil eine restaurative Ordnung geschaffen zu haben.

Das Gefühl der Fehlanpassung und Frustration in der anonymen Leistungsgesellschaft verursachte in den späten sechziger Jahren ein geistig-politisches Klima, in dem diese zum Teil bereits in den zwanziger Jahren entwickelten sozialpsychologischen Theorien starken Anklang fanden. Hedonismus wie Antifaschismus sind individualistisch. Für die 68er-Generation bot der Antifaschismus mit seiner hedonistischen Lebensauffassung eine ansprechende Ideologie, weil die von der Wohlstandsgesellschaft vernachlässigten ideellen Bedürfnisse befriedigt wurden. Der »Antifaschismus« bot den Intellektuellen Gesinnungsgeborgenheit, ohne Verzicht zu fordern. Hinzu kam der hohe moralische Wert des Antifaschismus, der sich positiv in Vorstellungen von Menschenrechten, Demokratie oder Freiheitsliebe äußerte. Infolge der Unbestimmtheit des Begriffs, verbunden mit der hohen moralischen Wertung, ist der Antifaschismus als Integrationsideologie besonders geeignet.

In der Verknüpfung von moralischem Anspruch und Integrationswert liegt auch die politische Funktion des »Antifaschismus«: Er läßt sich hervorragend instrumentalisieren. Jeder Angriff auf den Antifaschismus gerät leicht in den Verdacht, insgeheim mit dem »Faschismus« zu sympathisieren. Auch der antibürgerliche Affekt der Intellektuellen kann befriedigt werden, da die Eigenschaften der autoritären Persönlichkeit als bürgerlich beziehungsweise kleinbürgerlich empfunden werden.

Der Hedonismus ist zweifelsohne eine wichtige Grundlage des »Antifaschismus«. Hier gibt es einen wichtigen Unterschied zwischen kommunistischen und jenen linksbürgerlichen Intellektuellen, die Anhänger der dargestellten sozialpsychologischen Deutungen waren und sind. Während die Kommunisten einer harten, asketischen Moral verpflichtet waren, spielten hedonistische Werte bei linksliberaler und linksbürgerlicher Intelligenz vor 1933 und nach 1945 eine wichtige Rolle. Selbstverwirklichung, die Betonung des *Rechts über sich selbst* (so der Titel der Dissertation von Kurt Hiller 1908), sexuelle Freiheit, Lockerung familiärer Bindungen waren wichtige Themen linksliberaler Zeitschriften wie der *Weltbühne* und der Publikationen der Neuen Linken nach 1968. Das Individuum sollte aus allen nur denkbaren Zwängen befreit werden. Der »orthodoxe« Marxismus hingegen verlangte Disziplin und versprach die Befreiung erst in der zukünftigen klassenlosen Gesellschaft. Im »Antifaschismus« aber trafen sich beide linken Richtungen; der gemeinsame faschistische Feind lenkte von den Unterschieden zwischen den zerstrittenen Brüdern ab.[60]

In allen Industrienationen setzte sich nach 1945 eine hedonistische Grundströmung durch, so daß die Vorstellungen linker Intellektueller und die der Mehrheit der Bevölkerung sich einander annähern konnten. Die fünfziger Jahre waren von der Konzentration auf den Wiederaufbau und die Sicherung privater Existenz gekennzeichnet, begleitet von einer politischen Haltung, die in dem Schlagwort »Keine Experimente« treffend ausgedrückt war. »Ohne mich«-Haltung, Skeptizismus, Pragmatismus und Distanz zu allen überpersönlichen Werten und Verpflichtungen folgten aus der Überbeanspruchung von Opfermut und Hingabebereitschaft in der Zeit vor 1945. Die materialistische Grundhaltung der Kriegs- und Nachkriegsgeneration ist sozialpsychologisch erklärbar: Die Opfer und Leiden der Kriegs- und Nachkriegszeit verstärkten den Wunsch nach Wohlstand, materieller Sicherheit und Entspannung. Die Sehnsucht nach Glück, nach einer ungestörten Privatsphäre und das

Bedürfnis, endlich einmal die Früchte der Arbeit genießen zu können und keine Opfer bringen zu müssen, prägten die Mentalität der Menschen in allen Industrieländern nach 1945.

In Deutschland trugen die Erfahrung des Nationalsozialismus mit Krieg, Vertreibung, Hunger und die Anspannung des Wiederaufbaus zur Durchsetzung einer materialistischen, konsum- und genußfreudigen Lebenshaltung bei. Für Deutschland stellt diese Entwicklung einen Bruch mit den Traditionen und Werten politisch-gesellschaftlichen Denkens seit dem Ende des 18. Jahrhunderts dar. Sowohl die Pflichtethik Kants als auch die Philosophie Hegels sprachen sich gegen die »Glückseligkeit« des Einzelnen aus. »Kants Absage an den Eudämonismus ist von größter Bedeutung für das deutsche Staatsdenken und auch für die gesamte deutsche politische Entwicklung geworden. In den herrschenden Anschauungen des deutschen Beamtentums und überhaupt des rechtsstaatlich gesinnten Liberalismus fand das Glück des Bürgers keinen oder nur einen untergeordneten Platz . . . Ein entscheidender Bruch zwischen dem deutschen sozialen und politischen Denken und dem Westeuropas war damit vollzogen.«[61]

Sowohl im deutschen Liberalismus wie auch im Konservativismus werden in erster Linie überpersönliche Werte wie Rechtsschutz, geistige Freiheit, die Ehre des Staates, das historische Recht, das Ansehen der Nation, die Stellung der Krone kultiviert, aber nicht das individuelle Glück. Das auf Selbstverwirklichung und individuelles Glück gerichtete Denken linksliberaler und linksbürgerlicher Intellektueller steht in scharfem Gegensatz zu diesen Traditionen, die in die Nähe jener Werte gerückt wurden, die das Entstehen des Nationalsozialismus begünstigten: die harten, asketischen, auf Opfer und Verzicht gerichteten Vorstellungen, die nach dem

Zusammenbruch des »Dritten Reiches« in den Augen vieler Deutscher diskreditiert waren.

Der Hedonismus verbindet schließlich den Antifaschismus der Intellektuellen mit der Haltung großer Teile der Bevölkerung. Auf diese Weise hatte, begünstigt durch die historischen Erfahrungen der jüngsten Vergangenheit, antifaschistisches Gedankengut seine große Chance. Die hedonistische Grundhaltung gab dem Antifaschismus Schubkraft. Die Intellektuellen waren die Stichwortgeber dieser Entwicklung.

Das Unbehagen an der bestehenden gesellschaftlich-politischen Ordnung lenkt den Blick auf die bessere Alternative: den Sozialismus, eine auf Gleichheit beruhende Ordnung in einer gerechten, nicht auf Eigensucht beruhenden friedlichen Welt. Da die Generation der Weimarer Republik dem Nationalsozialismus zur Machtergreifung verholfen und das »Dritte Reich« getragen hatte, wollte man nach 1945 alles vermeiden, was einen neuen »Faschismus« begünstigte. An dieser Gesellschaftstheorie beeindruckte die Konsequenz, mit der nicht nur moralisch dem »Faschismus« entgegengetreten, sondern auch die Aussicht, daß mit der Beseitigung seiner sozio-ökonomischen und soziostrukturellen Entstehungsbedingungen die Gefahr einer »faschistischen« Machtergreifung ein für allemal gebannt sei.

Ein wesentliches Bindeglied zwischen Sozialismus und Antifaschismus ist zweifellos die antibürgerliche Haltung der Intellektuellen. Der Bourgeois als Eigentümer von Produktionsmitteln und damit Inhaber sozialer und politischer Macht wird als potentieller Träger des »Faschismus« gesehen. »Bürgerlich« bedeutet in der Sicht dieser Intellektuellen die Bereitschaft zur politischen Öffnung nach rechts, bedeutet Traditionalismus, Ungeistigkeit und Egoismus. Der Dadaist Richard Huelsenbeck drückt die intellektuelle

Abneigung gegen den Bürger so aus: »Alles soll leben – aber eins muß aufhören – der Bürger.«[62]

Ein gutes Beispiel für die Verbindung von Sozialismus und Antifaschismus im Denken progressiver Intellektueller finden wir in der 1959 gegründeten, von Wolfgang Fritz Haug herausgegebenen Zeitschrift *Das Argument*, das sich in zahlreichen Schwerpunktheften mit dem Thema Faschismus beschäftigt hat. Seit 1961 folgt die Zeitschrift dieser Maxime: »Das Argument geht davon aus, daß es die gemeinsame Aufgabe der Intellektuellen ist, die Wahrheit zu suchen und auszusprechen.« Die Zeitschrift setzte sich folgende Ziele:

1. Eine kritische Sichtung und Analyse der bereits bestehenden Theorien über Nationalsozialismus und Faschismus, vor allem der »bürgerlichen«, jedoch auch der marxistischen, soziologischen und psychologischen Theorien und, aus den Erkenntnissen dieser Kritik erwachsen, den Versuch und Anspruch, schrittweise eine »argumenteigene« Faschismus-Theorie aufzustellen.
2. Die Untersuchung der Beziehungen zwischen Kapitalismus und Faschismus, die sich vor allem auf die Rolle der Großindustrie im faschistischen System, auf das Aufdecken von Interessengleichheiten und -divergenzen konzentriert, verbunden mit der Frage nach den »tatsächlichen« Machtverhältnissen.
3. Die Analyse der bürgerlichen Gesellschaft, des bürgerlichen Demokratiebegriffs und ihrer Theoretiker als Ursprung und Nährboden des Faschismus, das Erkennen, Aufdecken und Bekämpfen faschistischer und neofaschistischer Tendenzen in der spätkapitalistischen bürgerlichen Gesellschaft.

Während es nach 1989 in linken Kreisen üblich geworden ist, den vormals idealisierten Antifaschismus der DDR zu kritisieren, hat *Das Argument* die Faschismus-Theorie der DDR bereits 1965 sehr differenziert betrachtet. Sie wurde positiv bewertet, weil sie die Verdrängungen der bürgerlichen Theorien nicht mitmache. Das starre Festhalten am linearen Geschichtsverständnis, an der formalen Kapitalismus- und Klassenkampf-Theorie jedoch wurde vom *Argument* kritisiert, weil die marxistische Faschismus-Theorie dadurch fast zum östlichen Gegenstück der westlichen Totalitarismus-Theorie werde. Allerdings könne eine marxistische Theorie, selbstkritisch gehandhabt, wesentlich mehr leisten, da sie die besseren Kriterien habe.[63] Neben linkskommunistischen Faschismus-Theoretikern wie August Thalheimer wird auch Wilhelm Reichs Theorie von der Massenpsychologie des Faschismus wegen ihres antibürgerlichen Gehalts positiv gewertet. Sehr deutlich kommt im *Argument* die Auffassung zum Ausdruck, daß der »Faschismus« eine Funktion der liberal-demokratischen kapitalistischen Gesellschaft sei. Solange es private Verfügungsgewalt über Produktionsmittel gebe, bestehe die Gefahr, daß in Krisenzeiten die Bourgeoisie sich des Faschismus bediene, um die bedrohten Interessen gegen die Arbeiterbewegung zu verteidigen.

Folgerichtig wendete sich *Das Argument* 1965 gegen das von Ludwig Erhard entworfene Konzept der »formierten Gesellschaft«, einer »Gemeinschaftsideologie«, die in vieler Hinsicht mit »faschistischer Ideologie« übereinstimme. Beide propagierten die Harmonie von Kapital und Arbeit und versprechen eine neue Gesellschaftsordnung, die jedoch nichts anderes als die kapitalistische Gesellschaft in anderem Gewand sei.[64] Der Umschwung zum »echten«, ungetarnten »Faschismus« stehe nahe bevor: »Wenn die kapitalistischen Besitz- und Verfügungsverhältnisse formaldemokratisch nicht mehr zu sichern sind oder wenn es dem formaldemokratischen System nicht mehr möglich ist, die sozialen und politischen Bedingungen den Erfordernissen des kapitalistischen Verwertungsprozesses anzupassen, dann besteht ein systemimmanenter Faschismusbedarf. Sei es allein mit Hilfe von Armee und Polizei, sei es mit Hilfe einer paramilitärisch organisierten Massenbewegung, mit einem eigenen System von Terror und Belohnungen, wird nunmehr versucht werden, direkte Herrschaft an Stelle der nicht mehr leistungsfähigen indirekten zu installieren und, auf der Grundlage eines neuen Klassenbündnisses, zu stabilisieren. Diese Möglichkeit und Gefahr verdient allein, Faschismus genannt zu werden. Begegnet werden kann ihm sehr wahrscheinlich am ehesten präventiv und vermittels eines umfassenden Bündnisses.«[65]

Wenn der Antifaschismus kein »hilfloser Antifaschismus« sein solle, müsse er eine positive Perspektive bieten, die nur im Sozialismus liegen kann. Antifaschistische Politik sei nur »auf der Grundlage eines sozialistischen Bündnisses realisierbar. Gegen faschistische Gewalt hilft nur revolutionäre Gewalt. Nur durch die Vergesellschaftung der Wirtschaft, nur durch Ablösung des das System steuernden Kapitalprofites durch demokratische Planung ist der Systemgrund zu beseitigen, der ständig neuen Faschismusbedarf zugleich mit dem komplementären Potential an Verdummung und Aggression hervorbringt . . . Der Kampf gegen den Faschismus ist zu gewinnen nur als Kampf für den Sozialismus.«[66]

Wenn Teile des Bildungsbürgertums fundamental gegen die politische und gesellschaftliche Ordnung opponieren, ist das schädlich, sofern diese Ordnung erhaltenswert, die erstrebte aber totalitär wäre. Auch wenn die hier untersuchten linken Intellektuellen erfolglos blieben, so haben sie doch

Wirkungen hervorgerufen. Der Ausspruch: »Wer die geistige Führung verliert, verliert auch bald die politische«, läßt sich empirisch belegen. Umsturz, Revolution, Systemveränderung bilden sich zunächst im geistig-kulturellen Bereich aus. Mit den Worten Hegels ausgedrückt: »Die theoretische Arbeit, überzeuge ich mich täglich mehr, bringt mehr zustande in der Welt als die praktische; ist erst das Reich der Vorstellungen revolutioniert, so hält die Wirklichkeit nicht aus.«[67]

Rechtsextremismus und Deutschfeindlichkeit in der DDR

Antifaschismus war für die SED und damit für die DDR Daseinsberechtigung und Staatsdoktrin, die in ihrer Bedeutung noch vor dem Sozialismus rangierte. Jahrzehntelang hat die Propaganda der DDR und des gesamten Ostblocks auf die Bundesrepublik und den gesamten Westen gezeigt und behauptet, dort bestehe die Gefahr eines erneuten »Faschismus«, wohingegen er im Bereich des »real existierenden Sozialismus«, insbesondere in der DDR, mit seinen sozio-ökonomischen und ideologischen Wurzeln ausgerottet sei. Um so größer war das Erstaunen, als in den achtziger Jahren, bereits vor der »Wende«, gelegentlich Nachrichten in den Westen drangen, daß es auch in der DDR antisemitische und fremdcnfcindliche Aktionen gibt und »Skinheads« mit »faschistischen« Symbolen an die Öffentlichkeit getreten sind. Mit der Öffnung der Mauer nach dem 9. November 1989 nahmen rechtsextreme Aktionen und Vorfälle und Gründungen rechter und rechtsextremer Vereinigungen merklich zu. Die Behauptung, der »Faschismus« sei in der DDR ausgemerzt gewesen, war widerlegt.

Alsbald setzte die Suche nach Erklärungen ein, dissonant, von gegenseitigen Schuldzuweisungen geprägt und – wie bei einer Vergangenheitsbewältigung üblich – nicht nur vom Willen zur Aufklärung getragen, sondern in der Absicht vorgebracht, die eigene Position zu rechtfertigen und den jeweiligen politischen Gegner für die Mißstände verantwortlich zu machen. Vor dem Ende der DDR gehörte es zur offiziellen Linie, soweit die Vorfälle nicht überhaupt verschwiegen wurden, den Rechtsextremismus westlichem Einfluß zuzuschreiben. Die FDJ-Zeitung *Junge Welt* kommentierte die Verurteilung von Skinheads im Mai 1988 mit der Bemerkung, »nicht ein einziger Jugendlicher in der DDR wäre vermutlich auf die Idee gekommen, sich die Haare stoppelkurz zu scheren, sich eine Bomberjacke überzustreifen und in Schnürstiefeln oder Doc-Martins-Schuhen mit Stahlkappen zu schlüpfen, wenn es dafür nicht Vorlagen in Westeuropa gäbe«. Es handele sich nicht um ein sozialistisches Entwicklungsproblem, sondern um einen Westimport. Bereits vorher hatte die *Berliner Zeitung* (Ost-Berlin) die Mauer, den »antifaschistischen Schutzwall« mit dem Hinweis gerechtfertigt: »Jeder kann sich vorstellen, was sich hier alles tummeln würde, gäbe es keine sichere Grenze.«[68]

Die offizielle Tabuisierung des Rechtsextremismus durch die SED verschleierte auch die Anfänge rechtsextremer Erscheinungen in der BRD. Dies war um so leichter, als westdeutsche Linke den Mythos der vorbildlich antifaschistischen DDR pflegten und erst nach deren Ende die Wirkungslosigkeit des angeblich »verordneten Antifaschismus« erkannten. Westliche Antikommunisten hingegen hatten bereits in den fünfziger Jahren auf »ehemalige Nationalsozialisten in Pankows Diensten« hingewiesen.[69] Zahlreiche westliche Veröffentlichungen wiesen nach, daß auch im Staatsapparat der DDR und unter den Funktionären der SED ehemalige Nationalsozialisten zum Teil prominente Positionen innehatten. Für den Propagandakampf zwischen Ost und West waren die Prominenten ergiebiger als rechtsextreme Jugendliche, denen kaum Aufmerksamkeit geschenkt wurde, obwohl es solche Gruppen bereits in den frühen Jahren der DDR gab.[70] Erst Ende der siebziger Jahre wurden Hakenkreuzschmierereien und Vorfälle, bei denen der »Hitler-Gruß« entboten wurde, bekannt.[71]

Mitte der achtziger Jahre setzte der ideologische Verfall ein. Eine zunehmende Abkehr von sozialistischen Werten entfremdete die Jugendlichen dem gesellschaftlichen System der DDR und öffnete sie für nicht-, ja gar antisozialistische Ideen.[72] Dies wird durch eine Analyse bestätigt, die das Ministerium für Innere Angelegenheiten der DDR noch zur Zeit der Regierung Modrow Anfang Januar 1990 vorlegte: »Anfänge neonazistisch orientierter Gruppierungen wurden seit 1980/81 festgestellt. Es gab keinen Direktbezug zu Kriegsverbrechern und Altnazis. Diese Anfänge verbinden sich mit Skinhead-Gruppierungen und sogenannten ›Nazi-Punks‹ in der DDR. Hauptaktivitätsphasen der Skinhead-Gruppierungen in der DDR waren die Jahre 1984 bis 1987. Während dieser Zeit lösten sich die ›Nazi-Punks‹ aus der Punkbewegung und wechselten in Skinhead-Gruppen über. Der relativ gut entwickelten gruppeninternen Organisation der Skinheads wurden neofaschistische Orientierungen eingepflanzt, die von einem Großteil der Gruppen im Gesamtgebiet der DDR mit teils mehr und teils geringerem Widerstand verarbeitet wurden. Die Implantation vollzog sich über Verbindungsaufnahme rechtsradikaler Organisationen aus der BRD und Berlin-West zu Skinhead-Gruppierungen sowie durch überregionale Kontakte der DDR-Gruppen untereinander. In die BRD und nach Berlin-West übergesiedelte Skinhead-Anhänger leisteten bei solchen Kontaktaufnahmen Unterstützung. In Erscheinung traten: FAP, NPD, Wehrsportgruppe Hoffmann, NSDAP (AO) – und wahrscheinlich weitere.«[73]

Interessanterweise betont auch diese Studie, es gebe seit 1988 Ansätze für rechtsextreme politische und ideologische Konzeptionen. Deren Ziel sei die Wiederherstellung des Deutschen Reiches in den Grenzen von 1939, der Austritt aus der NATO und dem Warschauer Pakt bei Sicherung voller Bewaffnung und die Beseitigung der Herrschaftsverhältnisse in beiden deutschen Staaten.[74] Der Rechtsextremismus hat gegen Ende der achtziger Jahre durch den Verfall der ideologischen Substanz des SED-Regimes also keine größere Quantität, sondern eine andere Qualität erhalten. Das Leipziger Zentralinstitut für Jugendforschung hat seit 1987 dem »Neofaschismusproblem« großes Interesse entgegengebracht, obwohl zu dieser Zeit Veröffentlichungen über dieses Thema nicht möglich waren. Jedenfalls war man sich – wie allerdings erst nach der Wende bekannt wurde – in der DDR darüber im klaren, daß der Rechtsextremismus eine Reaktion auf Korruption und Mißwirtschaft war. Immerhin wurde zugestanden, daß Ende 1989, aber noch vor der Wende, zwei Prozent der DDR-Jugendlichen nach rechtsaußen tendierten.[75]

Bevor ich auf die Ursachen des rechtsextremen Engagements eingehe, will ich auf einige widersprüchliche Zahlenangaben hinweisen. Das *Neue Deutschland,* sonst in allen den Faschismus betreffenden Dingen wahrhaftig nicht zur Untertreibung geneigt, gibt für 1988 44 polizeiliche Ermittlungsverfahren wegen »neofaschistischer« Gewalthandlungen und Aktivitäten an. 1989 seien bis Ende November 144 Vorfälle verzeichnet. Das ergäbe für 1988/89 insgesamt 188 Fälle.[76] Noch kleinere Zahlen nannte kurz nach der Grenzöffnung Wolfgang Pauleit, Mitarbeiter des Innenministeriums der DDR: Im vierten Quartal 1989 habe es in der DDR vier Ermittlungsverfahren mit neun Beschuldigten, im ersten Quartal 29 Ermittlungsverfahren mit 63 Beschuldigten gegeben. Seinen Angaben zufolge liegen die Zahlen für 1988 nicht höher; die Delikte »neonazistischer Art« bemißt er für die DDR mit weit unter einem Prozent.[77] Gegen Ende des Jahres, nach den Schmierereien am Sowjet-Ehrenmal in Berlin-Treptow, besannen sich die Behörden in der DDR eines anderen und nannten höhere Werte. Bei einem Pressegespräch über »neofaschistische« Tendenzen in der DDR stellten Bernd Wagner und Klaus Wichert, beide Oberleutnante der Kriminalpolizei, Ergebnisse einer von ihnen geleiteten Arbeitsgruppe zur Bekämpfung rechtsradikal motivierter Kriminalität und Selbstjustiz vor. Demnach wurden 1988/89 481 Verfahren mit über 1000 Beschuldigten eingeleitet. Vergleicht man diese Angaben mit denen des *Neuen Deutschland* vom 28. Dezember 1989, so haben sie sich innerhalb von 24 Stunden verdreifacht.[78] Um die Verwirrung zu vervollständigen, beruft sich eine westliche Quelle auf eine Mitteilung der Ost-Berliner Kriminalpolizei, die für 1988 185 und für 1989 296 Personen genannt habe, gegen die Ermittlungsverfahren wegen rechtsextremistischer Gewalthandlungen und Aktivitäten eingeleitet wurden.[79]

Trotz all dieser Widersprüche besteht bei den Betrachtern Einigkeit darüber, daß es sich beim Rechtsextremismus auf dem Gebiet der DDR im wesentlichen um eine Jugendbewegung handelt. Wahlerfolge hatten die rechtsextremen Parteien bisher nicht zu verzeichnen. Durch administrative Maßnahmen gehindert, konnten rechte und extrem rechte Gruppen nicht an der Volkskammerwahl vom 18. März 1990 teilnehmen, auch nicht an der Kommunalwahl vom 6. Mai 1990. Für die Landtagswahlen vom 14. Oktober und die Bundestagswahl vom 2. Dezember 1990 wurden die Beschränkungen aufgehoben. Selbst wenn man berücksichtigt, daß durch die restriktiven Maßnahmen die Entfaltung rechter und rechtsextremer Parteien behindert war, waren deren Erfolge ungewöhnlich dürftig. Die Republikaner erzielten am 14. Oktober 1990 und am 2. Dezember maximal 1,3 Prozent, zum Teil sogar noch weniger. Die NPD erhielt am 14. Oktober 1990 in Sachsen 0,7 Prozent, in den anderen Ländern nur 0,1 bis 0,2 Prozent der Stimmen. Die Deutsche Volksunion/Liste D beteiligte sich erst gar nicht an den Wahlen in der ehemaligen DDR.[80] Jugendliche Aktivisten gab es zwischen 10000 und 15000; davon sind der Polizei angeblich 1500 rechtsextreme Gewalttäter bekannt. 50000 Jugendliche gelten als emotional ansprechbar für den Rechtsextremismus. Bei den Bundestagswahlen im Dezember 1990 haben angeblich sieben Prozent der 18- bis 25jährigen Männer (= 28400) die Republikaner gewählt.[81]

Das Problem des Rechtsextremismus in der ehemaligen DDR wäre nicht erwähnenswert, wenn diejenigen, die sich zu diesem Gedankengut bekennen, nicht Erziehungsprodukt eines Systems wären, das 40 Jahre lang eine intensive »antifaschistische« Beeinflussung betrieben hat, die auch das Bildungssystem durchdrang, so daß niemand sich ihm entziehen konnte. Das legt die Frage nach den Gründen nahe. Die Antwort muß selbstverständlich über die nicht unzutreffende, jedoch vordergründige Erklärung hinausgehen, daß westlicher Einfluß motivierend gewirkt habe.

Nach der Wende hat es in der DDR sogar bei Vertretern der SED selbstkritische Einschätzungen gegeben. Der staatlich verordnete, phrasenhafte »Antifaschismus«, die ständig wiederholte Behauptung, auf dem Gebiet der DDR sei der »Faschismus« ausgerottet, sei oberflächlich gewesen, habe persönliche Betroffenheit vermieden und zu Abwehrreaktionen geführt. Die Ablehnung des sichtlich stagnierenden SED-Systems habe – zum Teil als Provokation gedacht – die Hinwendung zu gegensätzlichen Ideologien bewirkt. Zu den sozialen Gründen des Rechtsextremismus wird die zunehmende Erstarrung des DDR-Systems ab Mitte der siebziger Jahre gezählt. Die Gesellschaft sei durch zunehmende Reproduktion der Berufsgruppen gekennzeichnet gewesen und habe insbesondere die Aufstiegschancen der Arbeiterschaft vermindert.[82]

Es liegt auf der Hand, daß diffuse Unzufriedenheit und

Protestbereitschaft bei einem sich als links verstehenden System nach rechts gehen mußte. Die gesellschaftlichen Erklärungsversuche stehen in enger Verbindung mit den psychologischen. Politische Apathie, Gängelung und Langeweile, gekoppelt mit unklaren Zukunftsaussichten stellte der Filmemacher Konrad Weiß bereits vor der Wende fest, bezeichnenderweise nicht in einer DDR-Publikation, sondern in der Warschauer Wochenzeitung *Polityka*: »Die meisten hiesigen Jugendlichen haben keine Vorbilder, sie leben in den Tag hinein und sind unreif. Sie haben keinerlei Vorstellungen, wie sie ihr Leben einrichten sollen! Anders dagegen die Rechten: Sie sind stolz, daß sie etwas wollen, daß sie ein Ziel im Leben haben und Ideale.« Ferner nennt er Kameradschaftsgeist, Mutproben und soldatische Werte wie Disziplin, Gehorsam, Ausdauer, Verläßlichkeit.[83]

Nach der Wende kamen Wissenschaftler der Humboldt-Universität zu einer ähnlichen Deutung: »Junge Erwachsene und Jugendliche, bei denen ethisch-humanistische Verhaltensdispositionen im Laufe ihrer Sozialisation defizitär geblieben sind, sind eher bereit, die irrationalen Werte und Normen der rechtsextremen Ideologie aufzunehmen. Erleichtert wird dies, wenn Anknüpfungspunkte für Identifikationen vorliegen, die durch konkrete Wertorientierungen vermittelt werden. So stellt z.B. die Verherrlichung der Kameradschaft bei Jugendlichen, die bisher nur eine gewisse Isolierung oder soziale Kontaktarmut erlebt haben, einen wichtigen Ansatzpunkt dar, auf dem sich die Glorifizierung von Macht und Stärke zur Erlangung von gesellschaftlichem Ansehen und Prestige aufbauen kann. Bezüglich des Hineintragens entsprechender ideologischer Positionen kommt es einerseits dazu, daß außerhalb der Gruppierung stehende Personen entsprechende Grundpositionen in die sich herausbildende Gruppierung hineintragen und für deren Verbreitung sorgen bzw. daß andererseits ein Mitglied der Gruppe selbst diesen Prozeß mehr oder weniger bewußt vorantreibt. Die hier geschilderte Form der sozialen Assoziation steht meist am Anfang des Entwicklungsprozesses von Gruppierungen der rechtsextremen Szene. Diese Gruppierungen sind meist fünf bis zwanzig Mitglieder stark und entstanden meist aus ehemaligen Freizeitgruppen Jugendlicher. Aus solchen Assoziationsprozessen entstehen nicht selten rechtsextreme Gruppen im engeren Sinne.«[84]

Andere Autoren versuchen, zur Erklärung des Rechtsextremismus gesellschaftliche, psychologische und historische Motive zu verbinden. In der DDR habe es eine autoritäre Erziehung nach den Prinzipien Ordnung, Gehorsam, Unterdrückung der Gefühle gegeben, die für das Entstehen von Frustrationen und Aggressionen unter Jugendlichen verantwortlich sei. Dies spiegele sich bei den Skinheads wider, deren Gruppen nach Stabilität und Geschlossenheit strebten. Da Fremde und Außenstehende als Bedrohung empfunden würden, entstehe leicht ein Feindbild, auf das sich Haß und Aggressivität lenken ließen.[85]

Historisch orientiert ist der Versuch, aus den »preußischen Tugenden« wie Ordnung, Sauberkeit und Disziplin, aus der Tatsache, daß das System der SED undemokratisch war und Untertanengeist und sturen Gehorsam gefördert hat, Rechtsextremismus abzuleiten.[86] Eine solche Auffassung vertritt auch Konrad Weiß: »Faschistische Traditionslinien, personelle wie strukturelle, finden sich auch im sozialistischen Staat. Selbst bei denen, die eine ehrliche Umkehr vollzogen haben, blieben im Unter- und Unbewußten Spuren des Dritten Reiches. Vieles an unserer Alltagssprache verrät das. Unsere Alltagskultur wurde nicht völlig entnazifiziert. Nicht das Individuum, das Einmalige, steht zuoberst auf der Werteskala, sondern die Masse, das Allgemeine. Nicht Originalität und Innovationen haben den höchsten Stellenwert, sondern Unterdrückung und Konvention. Nicht Widerspruch und Kritik sind wirklich geschätzt, sondern Anpassung und Duckmäusertum.«[87]

Das Anziehende am Rechtsextremismus ist offenbar, daß er systemoppositionell ist, und zwar fundamental, sowohl gegenüber dem zusammengebrochenen Sozialismus als auch gegenüber der westlichen parlamentarischen Demokratie. Damit spricht er alle an, die sich in diesen Ordnungen unbehaglich fühlen. Der Rechtsextremismus negiert jedoch nicht nur die bestehende Ordnung, sondern bietet eine Alternative. Askese, Opfermut, das Harte, Hingabe an ein Ideal sind rechtsextreme Werte, die es auch im Sozialismus gegeben hat. Darin unterscheidet er sich vom westlichen Hedonismus, der die Bequemlichkeit, die »Selbstverwirklichung« als höchsten Wert preist.

Nach einer »universalhistorischen« Deutung ist der Rechtsextremismus eine Reaktion auf die Umbruchsituation, in der wir uns befinden, auf die Ungleichzeitigkeit der naturwissenschaftlich-technischen, ökonomischen und politischen Entwicklung. »Im vereinten Deutschland prallen zwei Gesellschaften mit einem unterschiedlichen Lebensrhythmus aufeinander, die nur langsam synchronisiert werden dürften. Aus dieser ›Ungleichzeitigkeit‹ (Ernst Bloch) der Entwicklung erwachsen soziale Widersprüche, regionale und Strukturbrüche, die den Rechtsextremismus tendenziell begünstigen. Das Erfolgsgeheimnis des Rechtsextremismus – wie des historischen Faschismus – liegt in dem Versprechen begründet, solche Ungleichzeitigkeiten dadurch zu beseitigen, daß die Zeit – wenn es sein muß, mit elementarer Gewalt – ›stillgelegt‹ wird. Die Bundesrepublik befindet sich gegenwärtig im Übergang von einer klassischen Industrie- zur ›Risikogesellschaft‹ (Ulrich Beck), die weiterhin auf der Grundlage privatkapitalistischer Eigentums- und Konkurrenzverhältnisse funktioniert, aber durch einen umfassenden Modernisierungsprozeß, Individualisierungsschübe und Anonymisierungstendenzen charakterisiert wird. Wunschvorstellung vieler Menschen ist dagegen ein Kapitalismus ohne (die negativen Begleiterscheinungen der) Konkurrenz als Bewegungsform der Subjekte in einer bürgerlichen Leistungsgesellschaft, bei dem sie die Segnungen der im Vergleich zur bürokratischen Zwangswirtschaft besonders effizienten Marktwirtschaft genießen könnten, ohne die Auswirkungen und Folgen seiner Wolfsgesetze ... ertragen zu müssen.«[88]

Aus allen diesen Deutungen folgt, daß der Rechtsextremismus in erster Linie gesellschaftliche Gründe hat, die in der Folge rechtsextremes Gedankengut begünstigen. Die Deutung des Rechtsextremismus kann sich infolgedessen nur auf die Kombination gesellschaftlicher, psychologischer und historischer Erklärungsversuche stützen. Die Behauptung, die gegen den Rechtsextremismus gerichteten Maßnahmen in der DDR seien nicht nur wirkungslos geblieben, sondern hätten sogar das Gegenteil bewirkt, führt zu der Frage, welche Gegenmaßnahmen denn für besser, wirkungsvoller und angebracht gehalten werden.

Viele gut gemeinte, aber abwegige Vorstellungen werden vor allem von linken Intellektuellen vorgebracht. Bereits vor der Wende hatte die Schriftstellerin Christa Wolf beanstandet, daß die Schulbücher in der DDR zwar Fakten wiedergeben, aber nicht dazu anleiten, mit den Opfern zu fühlen. Ganz in diesem Sinne hat ein von der evangelischen Kirche getragenes Kolloquium in Güstrow im Januar 1989 gefordert, auf Feindbilder zu verzichten und Schulbücher entsprechend zu ändern. Die Urteilsfähigkeit müsse geschärft werden, um die Menschen zur Gestaltung eines friedlichen Zusammenlebens zu motivieren. Die Schüler dürften nicht mehr nur Erziehungsobjekte sein. Es komme auf eine Erziehung zur Mitverantwortung an.[89] Andere setzen die Hoffnung auf vorbildliches Verhalten: »Erst wenn wir vorleben: Einen gleichberechtigten, warmherzigen Umgang z. B. mit unseren ausländischen Mitbürgern, eine rückhaltlose emotionale Auseinandersetzung mit der Geschichte, wenn wir Konfliktbereitschaft zeigen und Fähigkeit, Konflikte gewaltfrei zu lösen, wenn wir gelernt haben, alternative Lebensformen und -konzepte nicht als Bedrohung, sondern als Bereicherung zu empfinden, wenn wir uns zu einer Gemeinschaft humanistisch gebildeter, sich solidarisch verhaltender Menschen entwickelt haben, in der der einzelne, das Besondere einen hohen Stellenwert haben, erst dann haben wir dem Rechtsradikalismus, dem Faschismus die eigentlichen Grundlagen entzogen.«[90] Wieder andere sehen die Lösung vor allem in politischen und sozialpolitischen Maßnahmen. Es komme auf die Schaffung einer »Zivilgesellschaft«, eines gesamtdeutschen Sozialstaates und einer modernen Vielvölkerrepublik an. Notwendig seien ein Bürgergehalt, ein garantiertes Mindesteinkommen beziehungsweise eine allgemeine Grundsicherung, wodurch sich die Risiken der materiellen Konkurrenz und die politischen Erfolgschancen des Rechtsextremismus verringern würden.[91]

Alle diese Erklärungen sind genauso einseitig und abwegig wie die Behauptung, die staatlich verordnete Vergangenheitsbewältigung der DDR wehre persönliche Betroffenheit ab und sei damit lediglich vordergründig. Die angeblich individualisierende, emotionale und »kritische« Vergangenheitsbewältigung in Westdeutschland hat rechtsextreme Parteien, Skinheads, Fremdenfeindlichkeit und andere Erscheinungen einer rechtsextremen Subkultur auch nicht verhindern können.

Seriöse Analysen deuten den aufkeimenden Rechtsextremismus aus der Geschwindigkeit des gesellschaftlichen Umbruchs. Nach 1989 wurde von den ehemaligen Mitgliedern eines autoritären Systems plötzlich eine aktive Lebensgestaltung erwartet. Daraus folgte eine Entsolidarisierung bisheriger Formen der Gemeinschaftsbildung und Daseinsfürsorge durch Organisationen, die bis dahin das gesamte Leben erfaßt hatten. Der Meinungspluralismus brachte den Zwang zur Selbstentscheidung; soziale Unsicherheiten wie Arbeitslosigkeit und Firmenzusammenbrüche spielen eine bedeutende Rolle, obwohl sie keineswegs von erstrangigem Einfluß sind, wie oft behauptet. Der versprochene wirtschaftliche Aufschwung läßt auf sich warten, auf der anderen Seite ist die Ablehnung des SED-Systems tief verankert. Man nimmt – auch um damit zu provozieren – die diametral entgegengesetzte, also rechtsextreme Position ein.[92]

Andere, eher polemische Deutungen sehen den Rechtsextremismus in den Traditionen der deutschen Geschichte begründet. Der DDR-Sozialismus sei autoritär gewesen, deshalb liege es nahe, neue Autoritäten zu suchen und von der SED, der Staatssicherheit und der Nationalen Volksarmee zu rechtsextremen Parteien zu wechseln, die ebenfalls ein geschlossenes Weltbild, Sinngebung und politische Ziele vermitteln. So wird auf ehemals rote Funktionäre hingewiesen, die »linientreu« waren, sich nunmehr aber den Republikanern und anderen rechten oder rechtsextremen Gruppen angeschlossen haben. Der »wahre« Sozialismus dagegen sei nicht »preußisch« und »obrigkeitsstaatlich« wie in der DDR, sondern anarchisch-libertär, antikapitalistisch und ohne Hierarchie. Die Kritik am SED-System ist also in diesen Fällen nicht wissenschaftlich, sondern ideologisch fundiert, und zwar von links. Der bevorstehende, utopische Sozialismus, der das linke Herz erwärmt, soll anders, besser sein. So kann gleichzeitig das SED-System abgelehnt und die sozialistische Utopie gerettet werden.

Viele westliche Stimmen haben sich vor 1989 positiv zur DDR und ihren Grundwerten geäußert. Gerade der Antifaschismus ist für westliche Sozialisten, Gewerkschafter, Kirchenvertreter, Friedensfreunde und »Progressive« in besonderem Maße moralische Grundlage für eine Kooperation gewesen. Als die Überzeugungskraft des Marxismus–Leninismus sank, nahm die Legitimationsfunktion des Antifaschismus vor der Wende noch zu. Im Januar 1989 wurde in Bremen unter dem Motto *Leben und Lieben. Dem Haß keine Chance. Gemeinsam gegen Neofaschismus und Rassismus* ein Aktionsbündnis gegründet, das die Vernetzung und Verbreitung einer bundesweiten antifaschistischen Bewegung zum Ziele hatte. Beteiligt waren die Aktion Sühnezeichen, die Jungsozialisten, die IG-Metall-Jugend, die Vereinigung der Verfolgten des Nazi-Regimes und die Grünen. Eine besonders wichtige Rolle spielten die DKP und ihre Jugendorganisation, die SDAJ.

Am 11./12. Februar 1990, also nach der Wende, fand die zweite bundesweite Aktionskonferenz gegen Neofaschismus und Rassismus in Frankfurt statt. Sie endete mit einem Eklat. DKP und SDAJ, an deren Beteiligung früher niemand Anstoß genommen hatte, wurden auf Verlangen der DGB-Jugend und der Jusos ausgeschlossen, weil stalinistische Positionen nicht – wie rassistische oder sexistische – in »antifaschistischen« Bündnissen vertreten sein dürfen. Im Eifer der »Wende« hatten sich DGB und Jusos dem Antitotalitarismus angenähert. Man darf vermuten, daß dies nicht rational, sondern emotional geschah. Darüber kam es zum Bruch, so daß Aktion Sühnezeichen, Juso und IG-Metall-Jugend die Konferenz verließen. Da »antifaschistische« Arbeit ohne Beteiligung der Gewerkschaften für unmöglich erachtet wurde, scheiterte die Konferenz. Bis zum 9. April 1990 brauchten einige Teilnehmer, darunter ehemalige VVN-Funktionäre, um sich vom Schrecken zu erholen, so daß sie erst mit Verspätung eine theorielastige Rechtfertigung zustande brachten.[93] Die Konferenz war von der Stadtverwaltung Frankfurt unterstützt worden, und zwar vom Amt für Multikulturelle Angelegenheiten; auch der damalige Oberbürgermeister Volker Hauff hatte teilgenommen. Die Aufarbeitung des Debakels betonte den antikapitalistischen Charakter des »Antifaschismus«. Sie verband den Antifaschismus mit der Ablehnung der Wiedervereinigung und trat für den Erhalt der sozialistischen DDR ein.

Mit der Verbindung von Antistalinismus und »Antifaschismus« ist scheinbar eine Annäherung an den Antitotalitarismus gegeben. Scheinbar deshalb, weil die Grundhaltung eine anarchistisch-libertäre ist. Die Toleranz bleibt repressiv, sie erstreckt sich nur auf die Linke. Alles, was nicht antikapitalistisch ist, wird ausgegrenzt und bekämpft.

Die Reaktion der Linken auf das Ende der »antifaschistischen« DDR war hilflos. Der theoretische Gehalt des DDR-»Antifaschismus« wurde aufgegeben zugunsten eines diffusen Antikapitalismus und einer allgemeinen humanitären Haltung, die sich gegen Faschismus, Rassismus, Imperialismus, Sexismus und Krieg richtet. Die Mobilisierungskraft eines derartig emotional begründeten Antifaschismus ist abhängig von der Existenz eines mehr oder weniger virulenten Rechtsextremismus. Je stärker der Rechtsextremismus ist, desto klarer ist die eigene Daseinsberechtigung.

Ausländerfeindliche Gewalttaten haben seit November 1992 das politische Klima Deutschlands verändert. Politiker, Medien und große Teile der Bevölkerung stellten sich offen gegen die Gewalt. Wir wären allerdings nicht in Deutschland, wenn es nicht falsche Töne, Hysterie, Übertreibungen und Versuche von Manipulation und Mißbrauch gäbe. Einseitig wird die rechtsextreme Gewalt angeprangert. Für 1992 nennt das Bundesamt für Verfassungsschutz 2186 tatsächlich oder mutmaßlich rechtsextremistisch motivierte Gewalttaten, denen nur 900 linksextreme gegenüberstehen. Die Tatsache, daß die extreme Linke zwei Jahrzehnte lang das Monopol an Gewalttätigkeit hatte, wird verdrängt. Beide Spielarten des gewalttätigen Extremismus sind gleichermaßen kriminell, wobei allerdings nach wie vor Planung, Logistik, Technik und intellektuelle Unterstützung den linken Terrorismus als gefährlicher ausweist, selbst wenn die Zahl der Anschläge von rechts 1992/93 größer war.

Die meisten rechtsextremen Taten sind aufgeklärt, die Täter sind dingfest gemacht und befinden sich zum Teil in Haft. Bei linksextremen Morden wie denen an Detlev Karsten Rohwedder oder Alfred Herrhausen hingegen sind die Täter immer noch nicht ermittelt. Das Wort von denen sich gegenseitig hochschaukelnden Extremen bewahrheitet sich voll und ganz. Für die zusammengebrochcne, dcsorientierte Linke sind die rechtsextremen Aktivitäten geradezu ein Geschenk des Himmels. Können sie doch jetzt ihr geknicktes Selbstbewußtsein aufrichten, indem sie sich als die wahren, die konsequenten Antifaschisten darstellen, die schon immer gewußt haben, daß die etablierten politischen Kräfte im Kampf gegen den »Faschismus« versagen, wenn sie nicht sogar heimlich mit ihm paktieren.

Wie in der Vergangenheit dient der »Antifaschismus« als Volksfrontkitt, um sehr verschiedenartige politische Richtungen und Einzelpersönlichkeiten zusammenzubringen. Alte, unbelehrbare SED-Kader, Reformkommunisten (beide in der PDS vertreten), Anarchisten (die sogenannten »Autonomen«), Liberale, Christen und Gewerkschafter finden sich unter dem moralischen Vorzeichen des Kampfes gegen Rassismus, Ausländerfeindlichkeit und Intoleranz zusammen. Aus der Asche der Niederlage von 1989/90 taucht eine Volksfront auf antifaschistischer Basis auf. Linksextreme gewinnen mit dem Hinweis auf die »faschistische Gefahr« auf Personen Einfluß, die offene linksextreme Propaganda ablehnen würden. Unter dem Vorwand des Antifaschismus kommt es aber zu Aktionsgemeinschaften, die Teile der Medien, der Kirchen und der etablierten Parteien umfassen. Alle sogenannten »bürgerlichen« Kräfte werden des Faschismus verdächtigt. Die Akzeptanz des Linksextremismus reicht bis hin zu Verbrechen, die mit »Antifaschismus« moralisch gerechtfertigt werden. Im August 1992 sind Anarchisten aus der Hamburger Hafenstraße nach Rostock gereist, um sich »schützend« vor die Ausländerheime zu stellen. Ausgerechnet sie beanspruchten, berechtigte Interessen wahrzunehmen, die der Staat nicht garantiere. Die Linksextremen begründen ihre kriminellen Aktionen mit der These, Staat und »Bullen« hätten kein Interesse an der Zerschlagung von Naziparteien. »Darum müssen wir das selbst tun!!! Die antifaschistische Selbsthilfe praktizieren!!!« An anderer Stelle heißt es: »Ohne Militanz bleibt Antifaschismus zahnlos.«

Ziel antifaschistischer Angriffe ist alles Nichtsozialistische. Man will nach wie vor ein sozialistisches beziehungsweise kommunistisches System errichten. Das zeigen die folgenden beiden Zitate. Das erste bezieht sich auf einen Anschlag gegen die CDU-Landesgeschäftsstelle in Hannover am 27. Juli 1992: »Bis wir uns aber nicht in die Lage versetzt haben, tatsächlich wirkungsvolle antirassistische Arbeit leisten zu können, in der auch militante Aktionen und Reaktionen ihren Platz haben, halten wir es für notwendig, wenigstens öffentlich Position gegen nationalistisches, faschistisches und rassistisches Handeln und Denken zu beziehen. ... Es ist höchste Zeit ... maßgeblich Verantwortliche an der Pogromstimmung anzugreifen. CDU ist nur ein Beispiel!« Das zweite Zitat belegt außerdem, daß die »Antifaschisten« nach wie vor ein sozialistisches oder kommunistisches System erstreben.

Berliner Antifaschisten äußerten sich nach einem antifaschistischen Brandanschlag auf einen Jugendclub in Berlin-Marzahn am 3. September 1992: »Friede den Flüchtlingsheimen – Krieg den Schuldigen für Wohnungsnot und Arbeitslosigkeit!! Hinter dem Faschismus steht das Kapital!! Für den Kommunismus!«[94] Die gegenwärtige Funktion des Rechtsextremismus liegt also vor allem darin, daß er seine Gegner mobilisiert, Emotionen, Aktionen und vor allem ausländische Reaktionen auf sich zieht und damit indirekt zur politischen Polarisierung in Deutschland beiträgt.

Der alltägliche »Antifaschismus« hat eine antideutsche Komponente, die von der veröffentlichten Meinung gerne verdrängt wird. Nicht erst seit der Wiedervereinigung gibt es zahlreiche in- und ausländische Stimmen, die vor einem »Großdeutschland« oder »Vierten Reich« warnen. Versuche, die Deutschen und ihre Geschichte in eine »faschistische« Kontinuität zu setzen, sind nicht neu. In der italienischen Filmzeitschrift *La Fiera del Cinema* äußerte sich der italienische Regisseur Fernando Di Giammetteo im Februar 1963 über seinen geplanten Dokumentarfilm *Fünfzig Jahre deutsche Kriege*: »Als ich die deutsche Geschichte und Kulturgeschichte studierte und die wirtschaftliche und soziale Entwicklung Deutschlands analysierte, ist mir klar geworden, daß das Leben in Deutschland unter allen seinen Aspekten im Hinblick auf gegenwärtige oder zukünftige Kriege organisiert ist. Die Deutschen sind ein Volk, das seit Jahrhunderten den Mythos von seiner rassischen Überlegenheit kultiviert und nach einem Führer sucht, der ihm die Eroberung einer entsprechenden Hegemoniestellung in Europa ermöglicht.«[95]

Die politisch und publizistisch tonangebenden Kreise Deutschlands reagierten hilflos. Noch 1956 wurde versucht, antideutsche Filme und Veröffentlichungen zu verhindern. Danach trat eine allmähliche Anpassung ein. Entgegenkommen und Nachgeben sollten den deutschfeindlichen Angriffen, insbesondere wenn sie »antifaschistisch« getarnt auftraten, die Spitze nehmen. Eindringlich wurde das Wohlverhalten und die Zuverlässigkeit der Deutschen beteuert; symbolische Gesten und finanzielle Zuwendungen unterstützten das verbale Entgegenkommen. Man bagatellisierte die Deutschfeindlichkeit. Mit Ergebnissen empirischer Umfragen wurde das positive Deutschlandbild im westlichen Ausland belegt. Gutes Zureden schien die einzige Möglichkeit, auf die Anwürfe zu reagieren.

Besondere Aufmerksamkeit verdienen nur jene Deutschen, die bereit sind, die antideutschen Vorurteile des Auslandes zu nähren. Unzutreffend werden deren Ansichten als »deutscher Selbsthaß« bezeichnet. Bei einem echten Selbsthaß müßte sich die Abneigung gegen das Subjekt selbst richten. Wir haben es aber mit einem Haß gegen »die anderen« zu tun. Schon Kurt Tucholsky hat gesagt, es gebe zwei Deutschlands: das traditionelle des Kaiserreiches, der konservativen Militärs, der Bourgeoisie und Bürokratie, und das linke, progressive, liberale, sozialistische und kommunistische, das »bessere Deutschland«. Die linke Kritik richtet sich gegen deutsche Traditionen, die autoritär, obrigkeitsstaatlich, kleinbürgerlich, antidemokratisch und – neuerdings – »ausländerfeindlich« seien.

Aus der Abgrenzung gegen die schlechten, das heißt rechts stehenden Deutschen gewinnen die moralisch »guten Deutschen« ihr Selbstbewußtsein. Der Haß der Linken richtet sich gegen das »andere Deutschland«. Diese Form der Ablehnung kommt vor allem von Intellektuellen, Schriftstellern und hedonistisch eingestellten Bildungsbürgern. Wort-gewandt, jedoch machtlos vertritt dieser Personenkreis seit dem 19. Jahrhundert ideal-utopische Gesellschaftsvorstellungen und hat ein distanziertes Verhältnis zur politischen Realität. Ein Sendungsbewußtsein im »Dienst an der Menschheit« und eine vehemente Ablehnung der Nation, die als rechts, konservativ, autoritär gilt, bilden die Grundlagen ihrer politischen Anschauungen. Da die Mehrheit des Volkes nicht so will wie diese Intellektuellen, sondern materielle Güter, Wohlstand und soziale Sicherheit Menschheitsidealen vorzieht, fühlen sich die Intellektuellen ausgegrenzt und reagieren mit Ablehnung der ungeliebten Mitbürger, was zu ihrer weiteren Isolierung beiträgt.[96]

Die Wiedervereinigung wurde von zahlreichen Intellektuellen abgelehnt, da sie die – in ihren Augen – negativen deutschen Traditionen fortsetzte. Am 18. Dezember 1990 erklärte Gregor Gysi in der *New York Times*, daß »Großdeutschland« einen Sieg der Rechten in Deutschland bedeuten und die Linke an den Rand der Gesellschaft zwingen werde.[97] Erich Kuby behauptete, es gebe in der deutschen Geschichte eine Gesetzmäßigkeit, die Deutschland von anderen Nationen unterscheide. Das wiedervereinigte Deutschland werde sich wie das bismarckische, wilhelminische und nationalsozialistische Deutschland verhalten; Machtentfaltung, Aggression und Rücksichtslosigkeit seien deutsche Konstanten, die nur zeitweilig verborgen geblieben seien. Wegen seiner Andersartigkeit sei das deutsche Volk für die Nachbarn bedrohlich.[98] Jürgen Habermas, Günter Grass und andere Vertreter der politischen Linken haben sich ähnlich geäußert.[99] Die Gewalt gegen Ausländer und Asylbewerber 1991/92 schien diese Prognosen zu bestätigen, ebenso die Zunahme des Rechtsextremismus, der bis dahin eine Randerscheinung gewesen war. Die Kritiker konnten sich scheinbar bestätigt fühlen – hatten sie es doch längst gesagt und gleich gewußt!

Vom 11. bis 13. Juni 1993 fand in Hamburg ein Kongreß »Was tun? Bedingungen und Möglichkeiten linker Politik und Gesellschaftskritik« statt. Als Veranstalter dieser Tagung, deren Titel bezeichnenderweise von Lenin entlehnt war, trat die Zeitschrift *konkret* auf. Teilnehmer waren zahlreiche linke und linksextreme Personen und Gruppen, darunter die PDS und die ehemalige Marxistische Gruppe. Den Erfolg des Kongresses schätzte das *Neue Deutschland* so ein: »Nein, eine Linke in Deutschland gibt es nicht und wird es in absehbarer Zeit auch nicht geben. Auch keinen Minimalkonsens über gemeinsame antifaschistische Aktionen. Das Sektendasein geht weiter, zu wohl fühlt man sich in der eigenen Nische.«[100] Das »Auftaktplenum« stand unter dem Motto *Nein, wir lieben dieses Land und seine Leute nicht.* Der *konkret*-Herausgeber Hermann Gremliza sah im deutschen Nationalcharakter die Ursache für den Rassismus und die Pogromstimmung in der BRD.[101] Zwar wurde diesen Ansichten auch widersprochen; sie sind aber doch bezeichnend für die sektiererische Verranntheit und Ideenlosigkeit der extremen Linken.

Deutsche »Antifaschisten« vertreten – vielleicht ohne Kenntnis des Zusammenhangs – eine These der anti-deutschen Propaganda des Zweiten Weltkrieges: Der Nationalsozialismus sei das zwangsläufige Ergebnis autoritärer, kriegerischer, obrigkeitsstaatlicher, antiliberaler Tendenzen der deutschen Geschichte. Für die »progressiv«-hedonistischen Intellektuellen stellt der ordnungsliebende, autoritätshörige, aggressive, »ausländerfeindliche« Deutsche den Gegentypus des progressiven Ideals dar. Der »Antifaschist« wird damit automatisch zum Gegner deutschen Wesens, deutscher Tradition und nationalen Selbstbewußtseins.

Antifaschismus in der
SBZ und in der DDR 1945 – 1952

Die Analyse der heutigen Funktion des Antifaschismus hat gezeigt, daß es sich um ein Instrument der extremen Linken handelt. Es dient einerseits dazu, über die wahren Absichten und Ziele hinwegzutäuschen und auf diesem Wege »bürgerliche« Bündnispartner zu gewinnen, die sich für offensichtlich extremistische Ziele nicht einspannen ließen. Andererseits dient der Antifaschismus dazu, selbst Gewaltanwendung zu legitimieren, da diese angeblich im Interesse von moralisch nicht anfechtbaren Absichten (»Kampf gegen den Faschismus«) erfolgt.

Ein historischer Rückblick, wie wir ihn im folgenden geben wollen, zeigt aber, daß der Antifaschismus schon immer diese instrumentelle Funktion hatte. Das Beispiel der »antifaschistisch-demokratischen Umgestaltung« in der SBZ beziehungsweise DDR mag dies verdeutlichen.

Nach 1945 hatte die geistige und politische Überwindung des gescheiterten Nationalsozialismus fundamentale Bedeutung für die Legitimation der neuen Ordnung. Für die DDR hatte der Antifaschismus eine doppelte Bedeutung. Neben der Rechtfertigung des eigenen Systems mußte er bereits 1946 zur Destabilisierung der westlichen Demokratien herhalten. Walter Ulbricht hat in den fünfziger Jahren festgelegt, daß der konsequente antifaschistische Kampf »die Wurzeln des Faschismus – die Herrschaft des Finanzkapitals« beseitigen müsse.[102] Bereits 1945 stellte Ulbricht zur Erreichung dieser Ziele folgenden Maßnahmenkatalog zusammen:

1. Säuberung des Verwaltungsapparats in Staat, Gemeinden und Wirtschaft von allen faschistischen Elementen.
2. Enteignung des Großgrundbesitzes, der Konzerne und Bankherren.
3. Säuberung aller wissenschaftlichen Institute und Lehranstalten von faschistischen Einflüssen und Lehrmethoden.
4. Bekämpfung der faschistischen Ideologie und aller Ideologien, an die der Faschismus anknüpfen konnte.[103]

Nach den Maßgaben dieses Kataloges fand von 1945 bis 1949 und darüber hinaus bis etwa 1952 in der Sowjetischen Besatzungszone die »antifaschistisch – demokratische« Umwälzung statt. Obwohl das Reizwort »Sozialismus« vermieden wurde, ging es keineswegs nur um eine Ausschaltung der »Faschisten«, sondern darüber hinaus auch der bürgerlichen Kräfte. Der Widerstand der bürgerlichen Parteien und ihrer Anhänger wurde gelähmt, weil jeder Widerstand als »faschistisch« diffamiert war. Walter Ulbricht beschrieb in seinem 1955 erschienenen Buch *Zur Geschichte der neuesten Zeit*, daß das Politbüro der KPD und das Nationalkomitee Freies Deutschland Anfang 1945 die Aufgaben der deutschen Antifaschisten beschlossen hätten. »Die Kommunisten und Antifaschisten standen vor der neuen Aufgabe, die demokratische Macht auszuüben und sich zu diesem Zweck mit den breitesten Kreisen der antifaschistischen und aufbauwilligen Kräfte zu verbinden.«[104]

Das Nationalkomitee Freies Deutschland hatte eine herausragende Stellung. Es ist aufschlußreich, Wolfgang Leonhard über die Entstehung dieser Einrichtung berichten zu hören; dies erhellt ihre propagandistische Funktion, die sie auch nach Kriegsende beibehalten hat. Leonhard schreibt über die Veröffentlichung des Manifestes des Komitees in der *Prawda* vom 21. Juli 1943, nachdem am 12./13. Juli die

Gründung durch kriegsgefangene deutsche Soldaten und Offiziere sowie deutsche Emigranten stattgefunden hatte: »Freiherr vom Stein, Ernst Moritz Arndt, Clausewitz und Yorck wurden in diesem Aufruf als Vorbilder hingestellt, sozialistische Forderungen waren nicht einmal andeutungsweise enthalten, und die Existenz von deutschen Kommunisten wurde überhaupt nicht erwähnt. Selbst bei den Seminaren über das Thema ›Kampf gegen das Sektierertum‹ waren wir auf der (von Leonhard besuchten Komintern-)Schule nicht so weit gegangen. Es war nicht schwer zu erkennen, daß mit der Auflösung der Komintern und dem Manifest des Nationalkomitees sich nicht nur eine taktische Schwenkung vollzogen hatte, sondern daß es sich um einen Wechsel der strategischen Orientierung handeln mußte.«[105] Das Wort »Antifaschismus« fällt hier nicht einmal. Die antinationalsozialistische Tendenz wird bürgerlich-national mit dem Interesse des deutschen Volkes begründet. Einen linken Anklang kann man indirekt der Tatsache entnehmen, daß zusätzlich zu den 21 deutschen Offizieren und Soldaten elf kommunistische Intellektuelle und ehemalige Reichstagsabgeordnete unterschrieben hatten.

Das Nationalkomitee Freies Deutschland sollte unter antifaschistischem Vorzeichen jene Konservativen und nationaldenkenden Deutschen ansprechen, die bei offen kommunistischer Zielsetzung nicht zu gewinnen gewesen wären. Aus diesen Reihen wurden Helfer für den Aufbau der bewaffneten Kräfte herangezogen, wie zum Beispiel Vincenz Müller, der als Chef des Stabes der Kasernierten Volkspolizei die Nationale Volksarmee aufbaute.[106] Die NDPD, die durch NKFD und BdO-Mitglieder gegründet wurde, diente als nationale Tarnorganisation. Sie nahm ehemalige NSDAP-Mitglieder auf, die von der CDU und LDPD nicht akzeptiert werden durften. Obwohl die NDPD eindeutig eine kommunistisch inszenierte Gründung war, standen ihre Forderungen anfangs bewußt im Gegensatz zur kommunistischen Linie.

Für den manipulativ-opportunistischen Gebrauch des »Faschismus«-Argumentes in der kommunistischen Politik ist erhellend, daß Leonhard seine Abkehr vom Stalinismus mit dem Pakt mit Hitler-Deutschland und der darauffolgenden Ausmerzung der antifaschistischen Literatur begründet.[107] In seiner Rede vor dem Obersten Sowjet vom 31. Oktober 1939 hatte Molotow den Pakt folgendermaßen untermauert: »Der Abschluß des sowjetisch-deutschen Nichtangriffspaktes am 23. August hat den anomalen Beziehungen, die zwischen der Sowjetunion und Deutschland jahrelang bestanden, ein Ende bereitet. Anstatt einander anzufeinden, was von gewissen europäischen Mächten in jeder Weise gefördert wurde, haben wir uns nunmehr verständigt und freundschaftliche Beziehungen zueinander aufgenommen.«[108] Der Stellenwert sowjetischer Machtpolitik einerseits und des Antifaschismus andererseits könnte kaum deutlicher zum Ausdruck kommen: Der Antifaschismus wird in dem Augenblick als moralischer Wert geopfert, wo er von den machtpolitischen Realitäten überholt ist. Diese Festlegungen, die den Charakter der antifaschistischen Propaganda der DDR aus ihren Ursprüngen erhellen, dürften die Weichen für die spätere Funktion des Antifaschismus in der Propaganda der DDR gegenüber dem Westen gestellt haben.

Die Anfänge in der Sowjetischen Besatzungszone werden von Walter Ulbricht so geschildert: »Die sowjetischen Kommandanten suchten, wenn ihre Truppen einen Ort besetzt hatten, Verbindung mit bewährten Antifaschisten und Demokraten und bildeten aus ihnen eine neue Verwaltung. Die Anglo-Amerikaner ließen alte Naziverwaltungen im Amt und ersetzten nur geflohene oder allzu kompromittierte Beamte durch Leute aus Kreisen der bürgerlichen Geschäftswelt, die ihnen alle Gewähr für die Erhaltung des deutschen Monopolkapitals und gewinnversprechende Geschäftsbeziehungen boten. – Es gab zahlreiche Fälle, in denen selbst die alten Nazibürgermeister und Polizeipräsidenten in Amt und Würde blieben, sogar SS-Offiziere und Gestapobeamte wurden zu Polizeioffizieren gemacht. Oft setzten die Amerikaner dienstwillige Sozialdemokraten und frühere Gewerkschaftsfunktionäre als Beamte ein, die als Antifaschisten galten und gleichzeitig die Gewähr boten, gegen jede radikale Umgestaltung der Verhältnisse aufzutreten.«[109]

Wie sah die von Ulbricht genannte »Verbindung mit bewährten Antifaschisten« im sowjetischen Einflußgebiet aus? Wodurch zeichnete sich der Antifaschismus kommunistischer Prägung gegenüber dem von Ulbricht als Pseudo-Antifaschismus beschriebenen Antifaschismus des Westens aus?

Ulbricht betont, daß es den Antifaschisten darum gehen muß, »die Werktätigen durch eigene Erfahrungen zu überzeugen, daß die Antifaschisten ihr Vertrauen verdienten«.[110] Ulbrichts Vertrauen genossen die »Antifaschisten« indessen nicht. Wolfgang Leonhard schildert die radikale Auflösung der in Berlin arbeitenden antifaschistischen Komitees im Mai 1945.[111] Diese Komitees bestanden aus Kommunisten, Sozialdemokraten, bürgerlichen und kirchlichen Personen, die schon teilweise während des Krieges zusammengearbeitet hatten. Ulbricht selbst begründet die Auflösung der Komitees in der Rückschau wie folgt: »Selbst wo solche Komitees Lebensmittelverteilung, Arbeitseinsätze und andere Aufgaben übernahmen, die in normalen Zeiten Sache der staatlichen Verwaltung gewesen wären, trugen ihre Maßnahmen notwendigerweise provisorischen Charakter und hinderten die Antifaschisten daran, schnell neue demokratische Staatsorgane zu organisieren und von der festen und beständigen Position der Macht her die Leitung der Dinge in die

Hand zu nehmen ... Das wichtigste war jetzt, alle politisch bewußten zuverlässigen Kräfte auf die Bildung der neuen Verwaltungsorgane zu orientieren. Gerade in dieser Richtung wirkten die Initiativgruppen von Kommunisten ... Sie erreichten, daß sich die antifaschistischen Kräfte auf diese Hauptaufgaben konzentrierten und so schnell Vertrauen und Führung der Volksmassen erwarben. Die Komitees wurden aufgelöst.«[112]

Dagegen erinnert Leonhard an Ulbrichts damaliges Motiv für die Auflösung der antifaschistischen Büros und Komitees, die wiederum den propagandistischen Umgang mit dem Antifaschismus enthüllten: »Es wurde in Erfahrung gebracht« – Ulbricht sagte nicht durch wen und wie –, »daß diese Büros von Nazis aufgezogen worden sind. Es sind also Tarnorganisationen, deren Ziel es ist, die demokratische Entwicklung zu stören. Wir müssen alles daransetzen, sie aufzulösen. Dies ist jetzt die wichtigste Aufgabe.«[113] Leonhard teilt mit, daß diese Auflösungsmaßnahmen überall in der SBZ erfolgten und resümiert: »So wurde von Anfang Mai bis Mitte Juni alle Initiative von unten im Keim erstickt. Ich hielt das damals für einen Fehler in einer Teilfrage und versuchte, ihn genauso zu rechtfertigen, wie ich schon früher negative Tendenzen der Sowjetunion als ›zeitweilige Fehler‹ zu rechtfertigen versucht hatte. Erst bei meinem Bruch mit dem Stalinismus wurde mir der Sinn der damaligen Direktive gegen die spontan entstandenen Antifaschistischen Komitees klar: Es war nicht ein Fehler in einer Teilfrage, sondern ein Wesenszug der stalinistischen Politik. Der Stalinismus kann nicht zulassen, daß durch selbständige Initiativen von unten antifaschistische, sozialistische und kommunistische Bewegungen oder Organisationen entstehen, denn er liefe stets Gefahr, daß sie sich seiner Kontrolle zu entziehen und sich gegen Direktiven von oben zu stellen versuchten. Die Auflösung der Antifaschistischen Komitees war daher nichts anderes als die Zertrümmerung erster Ansätze einer vielleicht machtvollen, selbständigen, antifaschistischen und sozialistischen Bewegung. Es war der erste Sieg des Apparates über die selbständigen Regungen der antifaschistischen, links eingestellten Schichten Deutschlands.«[114] Daran konnte nach 1989 die Legende anknüpfen, die guten antifaschistischen Anfänge seien später durch die stalinistische Bürokratisierung erstickt worden.

Auch in den westlichen Besatzungszonen wurden die Antifaschistischen Komitees auf Betreiben der Besatzungsmächte aufgelöst. In dem populärwissenschaftlichen Geschichtsbuch DDR – *Werden und Wachsen*, herausgegeben von dem im Juni 1993 verstorbenen Heinz Heitzer, heißt es: »Die Besatzungsmächte lösten antifaschistische Ausschüsse auf, die sich um die politische Säuberung der Verwaltungen und die Einsetzung zuverlässiger demokratischer Kräfte bemüht hatten. Eine echte Zusammenarbeit zwischen den Besatzungsbehörden und antifaschistisch-demokratischen Kräften zur Durchführung der in Jalta und später in Potsdam getroffenen Beschlüsse hat es in den Westzonen nie gegeben.«[115] Rolf Badstübner, Leiter des Bereichs Geschichte der DDR am Zentralinstitut für Geschichte der Akademie der Wissenschaften der DDR und Mitherausgeber des genannten Geschichtsbuches, vergleicht die Entwicklung in der Ostzone mit der in den Westzonen: »In den Westzonen gestaltete sich das Verhältnis zwischen den Besatzungsmächten und den antifaschistisch-demokratischen Kräften gänzlich anders (als in der SBZ). Die westlichen Militärregierungen waren in der ersten Zeit die entscheidende Kraft bei der Unterdrückung antifaschistisch-demokratischer Bestrebungen bzw. dem Abblocken von grundlegenden Veränderungen.«[116]

Die Auflösung der Antifa-Komitees in der SBZ erschien

gerechtfertigt, weil die »grundlegenden Veränderungen« durch die mit der Besatzungsmacht eng verbundene KPD/SED durchgeführt wurde. Spontane, unkontrollierte Antifa-Ausschüsse waren dabei nur hinderlich. Für die Westzonen wurde ihre Tätigkeit begrüßt, weil sie im Sinne der KPD/SED handelten, auch ohne parteimäßige Bindung. Schon damals erwies sich der Antifaschismus als Volksfrontkitt, auf dessen Basis sehr unterschiedliche politische Kräfte – Sozialdemokraten, Christen, Bürgerliche – mit den Kommunisten kooperieren konnten. Aus dem gleichen Grund erregten die Ausschüsse das Mißtrauen der westlichen Besatzungsmächte, die zu Recht vermuteten, daß sie im Interesse der Sowjetunion arbeiteten, auch wenn dies einzelnen Mitgliedern vielleicht nicht bewußt war. Hagen Rudolph bemerkt dazu:»Ihre (der Antifas) Spontaneität, ihre Unabhängigkeit, ihre Initiative irritieren die Besatzungsmächte, die fürchten müssen, daß hier eine Bewegung entsteht, die sie nicht von Anfang an im Griff haben . . . So werden die Antifas in Deutschland allesamt im Sommer 1945 verboten . . . Ein erster politischer Nachkriegstraum ist zu Ende.«[117]

Die Antifa-Ausschüsse wurden in allen Besatzungszonen aufgelöst, allerdings aus unterschiedlichen Gründen. In der Sowjetzone gebrauchte die Besatzungsmacht zusammen mit der SED den Antifaschismus als Hauptinstrument einer revolutionären Umgestaltung der Gesellschaft im sozialistischen Sinne. In den westlichen Zonen maßten sich die Antifa-Ausschüsse administrative, personalpolitische und auch judikative Funktionen an, die von den dortigen Besatzungsbehörden zu Recht als unkontrollierbar, störend und politisch im Sinne der Sowjetunion eingeschätzt und daher unterbunden wurden.

In der Definition zur »antifaschistisch-demokratischen Umwälzung« heißt es im *Kleinen Politischen Wörterbuch*:

»Die a. U. ist die erste Etappe des einheitlichen revolutionären Prozesses des Überganges vom Kapitalismus zum Sozialismus, der mit der Gründung der DDR in die sozialistische Revolution hinüberwuchs.«[118] Voraussetzungen waren im einzelnen eine Verwaltungsreform, eine Justizreform, eine Bodenreform, die Enteignung der Betriebe, eine Schul- und Hochschulreform. Der Übergangscharakter der antifaschistisch-demokratischen Ordnung wird im Aufruf des Zentralkomitees der KPD vom 11. Juni 1945 als »programmatische Grundlage für die Errichtung der antifaschistisch-demokratischen Ordnung« bezeichnet: »Aufrichtung eines antifaschistischen, demokratischen Regimes, einer parlamentarisch-demokratischen Republik mit allen demokratischen Rechten und Freiheiten für das Volk.«[119]

Mit dem Befehl Nr. 2 des Obersten Chefs der Sowjetischen Militärischen Administration (SMAD) vom 10. Juni und 5. Juli 1945 wurden die KPD, die SPD, die CDU und die LDPD gegründet. Diese schlossen sich am 14. Juli 1945 zur »Einheitsfront der antifaschistisch-demokratischen Parteien« zusammen. In deren Gründungsaufruf setzten sich die vier Parteien folgende Hauptaufgaben:

– Entnazifizierung;
– Wiederaufbau Deutschlands;
– Aufbau eines demokratischen Rechtsstaates;
– Sicherung der Freiheit des Geistes und des Gewissens;
– Wiedergewinnung des Vertrauens der anderen Völker.

Die Einheitsfront der antifaschistisch-demokratischen Parteien sollte eine organisierte Opposition verhindern. Der Antifaschismus ermöglichte den Zusammenhalt. Auf diese Weise beabsichtigte man eine schrittweise Gleichschaltung der bürgerlichen Kräfte bei Minimierung der inneren und äußeren Widerstände.

Die Hervorhebung des Antifaschismus hatte für die KPD

eine weitere Bedeutung. Mit dem Image der entschiedensten Kämpfer gegen das NS-Regime hoffte man, eine Massenbasis zu bekommen. Die KPD sollte Volkspartei werden.[120] Die zahlreichen Beispiele für eine Zusammenarbeit von Kommunisten und Nationalsozialisten mußten allerdings verschwiegen werden. Ulbricht wollte möglichst bald aktive Antifaschisten in die Partei aufnehmen, da ihm die alten Kader zu sektiererisch waren.[121] Doch trotz der im Widerstand gegen das NS-Regime begründeten antifaschistischen Haltung und des moderaten Auftretens gelang es der KPD nicht, eine Massenbasis zu erlangen, denn sie wurde als Erfüllungsgehilfin der sowjetischen Besatzungsmacht angesehen.

Um so wichtiger war für die KPD die Strategie der Einheitsfront der antifaschistisch-demokratischen Parteien zur Gleichschaltung des Parteiensystems, die im Schulterschluß mit der Besatzungsmacht schrittweise vorangetrieben wurde. Der gemeinsame Ausschuß sollte nur einstimmig, also mit Zustimmung aller Parteien, Beschlüsse fassen können. Es gab bereits sehr früh Auseinandersetzungen zwischen den Kommunisten auf der einen und den übrigen Parteien auf der anderen Seite, die im Zweifel mit Hilfe der sowjetischen Besatzungsmacht zugunsten der KPD entschieden wurden.[122]

Auch die personelle Umstrukturierung des öffentlichen Dienstes wurde als antifaschistische Säuberung ausgegeben. Die Entnazifizierung setzte eine weitgehende personelle Umschichtung in Gang. Bis 1948 waren zirka 520 000 Personen davon betroffen; sie wurden aus dem öffentlich-politischen und beruflichen Leben entfernt. Die freiwerdenden Stellen wurden nach den Maßgaben der KPD/SED neu besetzt. Mittels der Entnazifizierung wurden politische Gegner ausgeschaltet. Man ging sogar so weit, durch die sowjetische Geheimpolizei Internierungslager einzurichten. Sie wurden teilweise direkt aus der NS-Zeit übernommen (Buchenwald, Sachsenhausen). Etwa 130000 politische Gefangene waren inhaftiert; von ihnen sollen etwa 50000 ums Leben gekommen sein. 20000 bis 30000 Gefangene wurden in die Sowjetunion deportiert. Ab 1946 waren auch Sozialdemokraten und oppositionelle Kommunisten von diesen Maßnahmen betroffen.[123]

Gestützt auf die kommunistische Faschismustheorie wurde auch eine tiefgreifende Umstrukturierung des Wirtschaftssystems durchgeführt. 1945 wurde die Bodenreform begonnen. Alle Grundbesitzer, die über 100 Hektar Land besaßen, wurden enteignet. Dies betraf 3,1 Millionen Hektar Grund und Boden, die ohne Entschädigung in andere Besitzverhältnisse überführt wurden. Obwohl die anderen Parteien eine Bodenreform prinzipiell unterstützten, kam es zu Streit. So sprachen sich der Vorsitzende der CDU, Andreas Hermes, und sein Stellvertreter, Walther Schreiber, gegen eine entschädigungslose Enteignung aus. Am 19. Dezember 1945 wurden sie auf Betreiben der sowjetischen Militärregierung abgesetzt. Teile der CDU kollaborierten mit der SED und der Besatzungsmacht und begründeten ihr Verhalten mit antifaschistischen Argumenten. Das CDU-Organ *Neue Zeit* warf der eigenen Parteileitung einen »immer mehr ins Reaktionäre abschweifenden Kurs« vor. Die Haltung von Hermes und Schreiber gefährde das Verhältnis zu den anderen antifaschistischen Parteien. Am 19. Dezember 1945 wurde auf einer Konferenz der CDU, an der 50 Delegierte aus der Sowjetzone teilnahmen, der Rücktritt der beiden Politiker gefordert. Der Delegierte Hahn, Vertreter des Kreises Prenzlauer Berg, Berlin, sagte: »Immer wieder wird die Union mit dem schweren Vorwurf belastet, ein Versteck aller Faschisten zu sein.« Der Delegierte Grosse aus Thüringen kritisierte, die CDU sei zu einem Sammelbecken der Reaktion geworden.[124] Die Parteiführung ging auf Jakob Kaiser und Ernst Lemmer über. Die Erwartung, daß dieser Wechsel eine »Selbstreinigung« zum »Nutzen der antifaschistisch-demokratischen Einheitsfront« bringe[125], erfüllte sich aber nicht. Im Dezember 1947 wurden auch sie abgesetzt.

In der Industrie kam die Sozialisierung ebenfalls in Gang. Durch die Befehle Nr. 124 und 126 der SMAD vom 30. und 31. Oktober 1945 wurde das Eigentum des Staates, der NSDAP und der Wehrmacht beschlagnahmt. Es wurde in sowjetische Aktiengesellschaften umgewandelt oder deutschen Verwaltungsorganen übertragen. In Sachsen führte die SED am 30. Juni 1946 einen Volksentscheid über die Verstaatlichung der Industriebetriebe durch – gegen den Widerstand der CDU und der LDP. Weil die SED die Enteignung von Nazis und Kriegsverbrechern vorschützte, hatte sie Erfolg. 77,6 Prozent stimmten für und 16,5 Prozent gegen die Sozialisierungs- und Enteignungsmaßnahmen.[126] Darauf wurde in den anderen Ländern der SBZ ohne Abstimmung ein großer Teil der Gewerbe- und Industriebetriebe verstaatlicht. Nach kommunistischer Auffassung war damit dem Faschismus die sozio-ökonomische Basis entzogen.

Nachdem im April 1946 KPD und SPD zur SED verschmolzen worden waren, wurde mit der Gründung der Demokratischen Bauernpartei Deutschlands (DBD) und der Nationaldemokratischen Partei Deutschlands (NDPD) 1948 die Gleichschaltung der Parteien so gut wie abgeschlossen. Beide Parteien waren kommunistische Tarngründungen und wurden direkt in den Antifa-Block aufgenommen.[127] Nicht zuletzt durch kommunistisch dominierte Massenorganisationen, die ebenfalls in den Antifa-Block eingingen, wurde der Einfluß der SED wirksam gesichert. Diese großen Organisationen waren der FDGB, der Kulturbund zur demokratischen Erneuerung Deutschlands und der Demokratische Frauenbund. Im Mai 1952 wurde auf der 2. Parteikonferenz der SED der Aufbau des Sozialismus verkündet, womit die Phase der antifaschistisch-demokratischen Ordnung als beendet erklärt war. Die DDR hatte das sowjetische Modell des Sozialismus fast vollständig übernommen.

Antifaschistische Propaganda gegen die SPD und gegen die CDU

Ulbricht urteilte über die politische Lage um 1947, die westlichen Besatzungsmächte hätten es aufgrund der antifaschistischen Stimmung breiter Kreise der Arbeiterklasse für »angebracht« gehalten, »systematisch den rechten sozialdemokratischen Führern leitende Funktionen in den Ländern, Städten und den örtlichen Gewerkschaftsorganisationen zu übertragen«.[128] Schon im September 1947 beschuldigte er die Westmächte, »fertige Tatsachen zu schaffen, bevor der antifaschistisch-demokratische Wille im Volke genügend entwickelt ist«.[129] Vor allem die rechten sozialdemokratischen Führer machte er für diese Entwicklung verantwortlich: »Der gefährlichste Trick der sozialdemokratischen Führung bestand also – ganz wie 1918 – darin, den Arbeitern weiszumachen, daß der Kapitalismus bereits zusammengebrochen sei. Einer der Berliner Führer der Sozialdemokratie erklärte, daß man den bereits am Boden liegenden Kapitalismus nicht noch zu enteignen brauche.«[130]

Im Oktober 1946 schrieb Ulbricht in dem SED-Organ *Einheit* einen Aufsatz zur *Strategie und Taktik der* SED, der die Fehler der sozialdemokratischen Führer analysiert. Ulbricht wirft ihnen wieder vor, »den Aufschwung der antifaschistisch-demokratischen Bewegung nach dem Sturz der Hitlerherrschaft« nicht dazu ausgenutzt zu haben, »die Kriegsverbrecher und aktiven Nazis aus ihren Machtpositionen zu entfernen, sondern sie beschränkten sich auf allgemeine Propaganda und ließen dem Gegner Zeit, sich zu sammeln und zu organisieren. Es ist kein Zufall, daß die früheren faschistischen Wirtschaftsorganisationen, die sich jetzt Unternehmerverbände nennen, zentralistische Organisationen wurden, während die Gewerkschaften lange Zeit auf lokaler Grundlage dahinvegetierten.«[131] Die sozialdemokratischen Führer hätten die »Einheitsfront der beiden Arbeiterklassen« hintertrieben: »Nicht der Kriegsverbrecher Poensgen und nicht der Reaktionär Schlange-Schöningen, sondern die Führer der Kommunistischen Partei waren für Dr. Schumacher der Hauptfeind. Das war der gröbste Fehler der sozialdemokratischen Führung. Der Parteiegoismus einiger sozialdemokratischer Führer hat sie blind gemacht, ließ sie den Hauptfeind des werktätigen Volkes nicht erkennen. Statt die taktische Aufgabe der Schaffung der Einheitsfront zu lösen, fürchteten einige sozialdemokratische Führer, durch die Einheitsfront mit den Kommunisten aus ihren alten gewohnten Bahnen gedrängt zu werden.«[132]

Den Vorwurf, den antifaschistisch-demokratischen Volkswillen mißachtet und für eigene taktische Zwecke mißbraucht zu haben, machte die DDR-Propaganda nicht nur der SPD – wenn auch dieser Partei ganz besonders nachhaltig, weil sie die »Aktionseinheit« der beiden Arbeiterparteien vereitelt hatte. Auch die CDU/CSU war in den ersten Nachkriegsjahren in den allgemeinen Konsens einer antinationalsozialistischen Vergangenheitsbewältigung eingebunden.

Der DDR-Historiker Rolf Badstübner betont die starken antifaschistischen Anfangsbestrebungen dieser Partei, die unmittelbar aus antifaschistischen Widerstandskreisen hervorgegangen sei.[133] Die »Frankfurter Grundsätze«, die nach Badstübner unter dem Einfluß bürgerlicher Intellektueller des linken Zentrums entstanden sind, würden »den antifaschistisch-demokratischen Aufgaben von allen CDU-Programmen der Gründungskonzeption am weitesten Rechnung tragen«. Jedoch habe die Kölner Gründung vom Juni 1945 den größten Einfluß ausgeübt. Die Zielsetzung eines »wahren christlichen Sozialismus«, verbunden mit einem Bekenntnis zu Demokratie, Völkerverständigung und friedlicher Außenpolitik, wird von Badstübner zwar als »Bekenntnis kleinbürgerlicher Demokratie« bezeichnet. Er hält es aber für geeignet, »einer antifaschistisch-demokratischen Politik als Grundlage zu dienen«[134] – trotz Schwächen in der Staatsfrage (föderalistischer Bundesstaat statt Einheitsstaat) und fehlendem Bekenntnis zu einer Zusammenarbeit aller antifaschistisch-demokratischen Parteien.[135]

Diese Einschätzung entsprach durchaus dem Selbstverständnis der damaligen CDU. Die CDU ist aus dem »Geist des Widerstandes« entstanden – dieses Selbstverständnis wurde von der Partei in den frühen Jahren mit Nachdruck propagiert, aber auch später noch bekräftigt.[136] Im Berliner Gründungsaufruf hieß es: »Aus dem Chaos von Schuld und Schande, in das uns die Vergottung eines verbrecherischen Abenteurers gestürzt hat, kann eine Ordnung in demokratischer Freiheit nur entstehen, wenn wir uns auf die kulturgestaltenden sittlichen und geistigen Kräfte des Christentums besinnen und diese Kraftquelle unserem Volk immer mehr erschließen.« Hier wird eine moralische Erneuerung, aber keine Änderung der Gesellschafts- und Besitzverhältnisse erstrebt, um die Vergangenheit zu bewältigen und die Zukunft zu gestalten. Dem Zug der Zeit entsprechend, wollte die CDU, die nicht zufällig den Namen »Union« wählte, Einheit durch Überwindung der »unseligen konfessionellen Spaltung« schaffen. Der Unterschied zu den sozialistischen Arbeiterparteien, die die Einheit auf sozialistischer Basis

aufbauen wollten, lag in dem christlich begründeten Unions-
gedanken, der eine geistige und nicht eine sozio-ökonomische Überwindung des Nationalsozialismus bewirken
sollte.[137]

Bald kam es zum Konflikt mit der SED, die den Antifa-
schismus als Vorwand zur sozialistischen Umgestaltung der
Gesellschaft und zur Disziplinierung der bürgerlichen Parteien benutzte. Auf einer Wahlkundgebung in Halle am 2.
Oktober 1946 stellte Ulbricht fest, daß sich die CDU »in der
Zeit des Aufschwungs der antifaschistisch-demokratischen
Bewegung in Deutschland für den Aufbau einer neuen demokratischen Ordnung« erklärt habe.[138] Der nun immer größer werdende Widerspruch zwischen den Worten und den
Taten der CDU-Führer rühre daher, daß sich die antidemokratischen Kräfte in Unternehmerorganisationen und anderen Vereinen gesammelt hätten und überwiegend die CDU
unterstützten.

Rolf Badstübner beschuldigt die CDU, sich an die Spitze
der antifaschistisch-demokratischen Bewegung gestellt zu
haben, um diese zu entschärfen und zu verfälschen. Im Mas-
senstreik der Ruhrbergarbeiter vom 3. April 1947 sieht Badstübner »den Höhepunkt der antifaschistisch-demokratischen Massenbewegungen in Westdeutschland«.[139] Deren
Rückgang, so meint Badstübner, sei durch die rechten SPD-
und Gewerkschaftsführer verursacht, die »ihren Einfluß auf
die Mehrheit der Arbeiterklasse in den Westzonen geltend
machen konnten, wobei sie sowohl den von den Besatzungsbehörden angewandten Druck als auch sozial-politische Versprechen und Maßnahmen zur Verbesserung der Versorgung
geschickt ausnutzten«.[140] Das Ahlener Programm der CDU
der Britischen Zone vom Februar 1947 deutet Badstübner als
antifaschistisches Lippenbekenntnis, das lediglich die Massen beruhigen sollte.

Antifaschismus in der Innen- und Außenpolitik 1952–1989

In den Zeiten des »Kalten Krieges« hatten die Antifaschismus-Kampagnen die Funktion, die Bundesrepublik Deutschland zu isolieren, ihren westlichen Verbündeten zu suggerieren, sie sei geistig und personell die Fortsetzung des »Dritten Reiches«. Den westlichen Demokratien sollte die Meinung vermittelt werden, dieser Verbündete sei ihre Unterstützung nicht wert, weil die Opfer von gestern mit den Tätern in ein widernatürliches Bündnis gezwungen seien. Außerdem wurde unterstellt, die kriegerische Mentalität, das Revanchestreben der nach wie vor in der Bundesrepublik herrschenden unverbesserlichen und unbelehrten Ewiggestrigen werde den Verbündeten einen neuen Krieg bringen. Es sei deshalb moralisch geboten und auch zu verantworten, die Bündnisverpflichtungen aufzukündigen und die Bundesrepublik Deutschland fallenzulassen. Diese Kampagnen haben im Laufe der Jahre zwar Wirkung, aber letztlich keinen Erfolg gezeigt.

Deutschland und die Deutschen waren durch die totale, politisch-militärische wie moralische Niederlage in eine Paria-Rolle geraten. Ein Ziel deutscher Politik mußte es sein, das negative Image Deutschlands zu verbessern. Jede »Vergangenheitsbewältigung« müßte in dieser Situation zu einem totalen Bruch mit dem nationalsozialistischen System führen. Hier bildeten sich im östlichen und westlichen Teil Deutschlands Unterschiede heraus, die der antifaschistischen Propaganda Angriffsflächen boten. Während unter dem Deckmantel einer antifaschistisch-demokratischen Umwälzung in der Sowjetischen Besatzungszone eine vollständige soziostrukturelle Umgestaltung im sozialistischen Sinne erfolgte, blieben in den westlichen Besatzungszonen die bisherigen Eigentumsverhältnisse bestehen. Hier konnte die kommunistische Antifaschismus-Propaganda anknüpfen. Getreu der Auffassung, daß der Faschismus aus dem Kapitalismus hervorgeht, wurde bestritten, daß in den westlichen Besatzungszonen ein konsequenter Bruch mit der nationalsozialistischen Vergangenheit stattgefunden hatte.[141]

Die neue Demokratie mußte sich glaubhaft vom Nationalsozialismus distanzieren, um Ansehen zu gewinnen. Dies machte die Vertreter der neuen Ordnung erpreßbar. Da in der Tat kein vollständiger struktureller Bruch und auch keine durchgreifende Ablösung der Eliten gegenüber der Zeit vor 1945 stattgefunden hatten, gab es immer Anhaltspunkte für antifaschistische Propaganda. Diese konnte mit der Zeit sowohl die öffentliche Meinung des westlichen Auslandes als auch die Meinungsbildung innerhalb der Bundesrepublik Deutschland negativ beeinflussen. Auf den ersten Blick erscheint es paradox, daß mit zunehmender Bereitschaft, die Vergangenheit zu bewältigen, vielfältige Wiedergutmachung und politisch-personelle Säuberung zu leisten, keine Beruhigung eintrat. Da die »antifaschistischen« Kampagnen aber nur zum Teil echter Sorge entsprangen, zur Hauptsache Manipulationsmittel im politischen Interessenkampf waren, verleitete die defensive Reaktion dazu, den Druck zu verstärken.

Östliche Antifaschismus-Kampagnen

Die Antifaschismus-Kampagnen sind ein Ergebnis des Ost-West-Konfliktes. Als nach 1945 mit dem Zerfall der »Anti-Hitler-Koalition« der nur zeitweise überdeckte Konflikt wieder aufbrach, bot sich der Antifaschismus an, um das westliche Bündnis zu destabilisieren. Erste Anzeichen für die Instrumentalisierung des Antifaschismus im Kalten Krieg gab es bereits 1946. Schon damals erhob die Sowjetunion Vorwürfe gegen die Westmächte, die Bestimmungen der Potsdamer Konferenz betreffs Entnazifizierung nicht konsequent durchzusetzen.[142]

Gleich nach den Wahlen zum ersten Deutschen Bundestag hieß es, die von den Amerikanern installierte »Marionettenregierung« solle in den aggressiven Atlantikblock eingegliedert werden.[143] Bis Mitte der fünfziger Jahre sind Bemühungen, die auf eine Wiederbewaffnung hinauslaufen, bevorzugte Angriffsziele der sowjetischen Antifa-Kampagnen. Adressaten sowjetischer Noten waren dabei hauptsächlich die Westmächte, die immer wieder an die aus dem Potsdamer Abkommen resultierende Forderung nach einem entmilitarisierten Deutschland gemahnt und darauf hingewiesen wurden, daß die geplante westdeutsche Armee von Hitler-Generälen angeführt werde. Vor einer erneuten Unterschätzung der deutschen Aggressivität wurde gewarnt. Die Regierung Adenauer galt als Revanchistenclique. Eine typische Warnung lautete: »Nachher werden die deutschen Militaristen und Revanchehetzer freie Hand zur Durchführung ihrer aggressiven Politik in Europa haben. Westdeutschland wird damit in einen gefährlichen Herd eines neuen Krieges in Europa verwandelt.«[144]

Antimilitarismus, Antirevanchismus, Antikapitalismus und Antifaschismus werden propagandistisch verbunden, wie an der sowjetischen Interpretation des Aufstandes vom 17. Juni 1953 deutlich wird: »Die Tatsachen bezeugen, daß die am 17. Juni in Berlin verübte Provokation von den reaktionären Kreisen der Westmächte und ihren Helfershelfern aus dem Kreise der westdeutschen Monopolherren vorbereitet wurde.«[145] »Wie aus den Aussagen der am 17. Juni festgenommenen Unruhestifter hervorgeht, wurde die Provokation unter der unmittelbaren Leitung der amerikanischen Militärbehörden vorbereitet. Faschistische Abenteurer rotteten sich im amerikanischen Sektor Berlins zusammen.«[146]

Das KPD-Verbot im August 1956 löste eine weitere Antifaschismus-Kampagne aus. Mit dem Satz: »Heute beschreiten die regierenden Kreise Westdeutschlands denselben Weg, den der deutsche Nazismus gegangen war«[147], sollte die kommunistische Faschismusinterpretation belegt werden, also die These, daß sich das Monopolkapital faschistischer Prätorianer bedient, um die revolutionäre Arbeiterbewegung zu unterdrücken. Wenngleich es nach 1956 keine »faschistische« Bewegung gab, übernahm nach dieser Interpretation die deutsche Bundesregierung die Funktion des Unterdrückers.

Anfang der sechziger Jahre läßt sich eine gewisse qualitative Veränderung der Antifaschismus-Kampagnen feststellen. Der Vorwurf des Revanchismus und Imperialismus wird jetzt mit gezielten Attacken gegen Einzelpersonen verstärkt vorgebracht. Exponierte Persönlichkeiten aus Regierungs- und Militärkreisen wurden als Kriegsverbrecher denunziert, etwa der damalige Vorsitzende des NATO-Militärausschusses, General Adolf Heusinger[148], der Generalinspekteur der Bundeswehr, Generalleutnant Friedrich Foertsch[149], sowie der Leiter der Ludwigsburger Zentralstelle zur Untersuchung von NS-Verbrechen, Oberstaatsanwalt Erwin Ernst Schüle, dem – ausgerechnet in dieser Position – NS-Mitgliedschaft nachgewiesen wurde.[150] Bundespräsident Heinrich Lübke wurde in der *Prawda* wegen seiner früheren Verbindungen zur Rüstungsindustrie angegriffen. Er habe zur Stärkung des NS-Regimes und zur Ermordung von KZ-Häftlingen beigetragen.[151] In die innenpolitische Auseinandersetzung um die 1969 fällige Verjährungsfrist für Verbrechen während der NS-Herrschaft mischte sich die Sowjetunion mit scharfen Protesten gegen die Verjährung ein.[152]

Stärker als auf die erste Welle des Rechtsextremismus in der Bundesrepublik, in der die 1952 für verfassungswidrig erklärte Sozialistische Reichspartei dominierte, reagierte die Sowjetunion propagandistisch auf die Tatsache, daß ab 1965 die NPD in den meisten Landtagswahlen die Fünf-Prozent-Hürde überspringen konnte. »Wer kann unter diesen Umständen garantieren, daß in der Bundesrepublik nicht ein neuer Hitler, noch dazu mit Kernwaffen in der Hand, auf den Plan tritt?«[153] fragte die Sowjetunion in einer Note an die drei Westmächte und die Bundesrepublik. Eine kaum verhohlene militärische Drohung klingt in der Ankündigung mit, die »neofaschistischen Umtriebe« scharf im Auge zu behalten, um »im Einklang mit den Verpflichtungen aus dem Potsdamer und den anderen internationalen Abkommen nötigenfalls gemeinsam mit anderen friedliebenden Staaten alle Maßnahmen zu ergreifen, die die Situation notwendig machen würde«.[154] Auch in die Diskussion um die Notstandsgesetze 1968 griff die Sowjetunion mit dem Hinweis ein, es handele sich um ein weiteres Indiz für Kriegsvorbereitungen der Bundesregierung.[155] Mit Bezug auf die sogenannten »Feindstaaten-Klauseln« der UN-Charta und das Potsdamer Abkommen reklamierte die UdSSR ausdrücklich ein Interventionsrecht in der Bundesrepublik für sich.[156] Die sowjetische Antifaschismus-Kampagne richtete sich nicht nur gegen die Bundesrepublik, sondern gegen die westliche

Bündnispolitik insgesamt: »Die Unterstützung des faschistischen Regimes in Portugal, die Begünstigung der Franco-Diktatur in Spanien, der mit Hilfe der führenden Kreise der NATO organisierte Putsch in Griechenland (21. April 1967), die Ermunterung der Aktivität der ehemaligen Hitler-Faschisten und Nazis in Westdeutschland – all das zeugt von dem zutiefst antidemokratischen Charakter der Politik der in der Organisation des Nordatlantikpaktes vereinigten Kräfte.«[157]

Mit der sozialliberalen Koalition, die 1969 die CDU in die Opposition verwies, verloren die Antifaschismus-Kampagnen an Intensität. Die Sozialstruktur der Bundesrepublik, die doch angeblich Grundlage des »Faschismus« war, hatte sich genauso wenig geändert wie ihre außenpolitische Orientierung. Offenbar wurde aber von der Sowjetunion eine außenpolitische Annäherung an den Westen erhofft, die ihr die wegen zunehmender Spannungen mit China dringend benötigte Ruhe an der Westgrenze brachte. Daher erklärte Leonid Breschnew in seiner Rede anläßlich des 20. Jahrestages der DDR (1969): »Nicht von ungefähr wurde bei der letzten Wahl in der westdeutschen Bundesrepublik dem Versuch der Neonazis, sich in den Bundestag zu schleichen, eine Abfuhr erteilt. Dieses Ergebnis der Wahl ist eindeutig ein Erfolg der demokratischen Kräfte in der westdeutschen Bundesrepublik.«[158] Mit dem Abklingen der Konfrontation, insbesondere mit dem Moskauer Vertrag über Gewaltverzicht und Unverletzbarkeit der Grenzen in Europa, wurden die Faschismus-Vorwürfe schwächer. Die Kritik der chinesischen Kommunisten am Moskauer Abkommen wurde vom *Neuen Deutschland* in einem Atemzug mit der Kritik der *Nationalzeitung* verleumderisch genannt. Diesen Artikel druckte die *Prawda* nach.[159] Während des gesamten Zeitraums der sozialliberalen Koalition (1969 – 1982) gingen die »antifaschistischen« Feldzüge stark zurück.

Auch nach dem Sturz der Regierung Helmut Schmidts 1982 hat es keine den früheren Jahrzehnten vergleichbaren Propaganda-Aktionen mehr gegeben. Gerade dies verdeutlicht aber die manipulative Funktion der Antifaschismus-Kampagnen. Wenn nach kommunistischer Auffassung der Kapitalismus der Ursprung des Faschismus ist, so hatte sich durch den Regierungswechsel nichts geändert. Lediglich das politische Umfeld, das die Benutzung des Antifaschismus als Pressionsmittel unnötig machte, hatte sich gewandelt. Die Ideologie erweist sich hier als propagandistisches Versatzstück.

Ab Mitte der sechziger Jahre diente der Antifaschismus nicht mehr nur der Destabilisierung des westlichen Bündnisses, sondern auch der Integration des Ostblocks. In China, Rumänien, Polen, Ungarn und der Tschechoslowakei gab es nationalkommunistische und liberale Bemühungen zur Entspannung der politischen Situation, die zum Teil, wie in China, zum Bruch mit der Sowjetunion führten. Als Mitte der sechziger Jahre, bereits unter Bundeskanzler Ludwig Erhard, und dann insbesondere ab 1969 die Bonner Ostpolitik beweglich wurde, bedeutete dies zwar einerseits Entspannung, aber andererseits auch Begünstigung der Auflockerungstendenzen im Ostblock.

Antifaschismus-Kampagnen, die sich gegen die vermeintliche »deutsche Gefahr« richteten, sollten den Ostblock stabilisieren und die Loyalität der Polen und Tschechen durch Erinnerung an die Zeit deutscher Okkupation gewährleisten.[160] »Sooft die Polen nur davon zu träumen beginnen, die alte Jalta-Last abzuwerfen, werden sie an die deutsche Gefahr ante portas erinnert ... Sooft also die kommunistische Macht ... sich nicht stark genug fühlt, ... wird das Land von einer breiten Propagandawelle zum Thema deutsche Gefahr überflutet.«[161] Auch die bis ins Jahr 1990 aufrechterhaltene Behauptung, die Ermordung polnischer Offiziere in Katyn sei ein Verbrechen »deutscher Faschisten«, hatte diesen Zweck. Bei Polen und Tschechen sollten tief verwurzelte Empfindlichkeiten aufgerührt werden. So vordergründig und durchschaubar die Antifaschismus-Kampagnen auch waren, wie das Beispiel Katyn zeigt – eine verbale Loyalität zur Sowjetunion konnte auf diese Weise immer erreicht werden. Während von 1946 bis 1960 Antifaschismus-Kampagnen ausschließlich von der Sowjetunion betrieben wurden, von 1969 an mit deutlich abnehmender Tendenz, ist im Westen die gegenteilige Entwicklung zu beobachten. Ab 1948 hat es »antifaschistische« Argumente hier kaum gegeben, wurden aber mit zunehmender Entspannung unter der Präsidentschaft Kennedys immer lauter, um bis zur Gegenwart anzuhalten.

Im Gefolge der Sowjetunion hatte die SED in der SBZ und in der DDR bereits von 1946 an die Faschismus-Keule gegen den Westen eingesetzt. Die tagespolitische Agitation und Propaganda sollte durch die parteinahe Wissenschaft gestützt werden. Die ideologisch begründete Zeitgeschichtsschreibung der DDR bemühte sich, »eine geschichtliche Kontinuität« faschistischer Strukturen in der Politik der Bundesrepublik Deutschland herauszuarbeiten. Da es nach dem Ersten Weltkrieg unterlassen worden sei, Industrielle, Bankiers und Großgrundbesitzer sowie Kriegstreiber und Kriegsgewinnler zu enteignen, sei die Weimarer Republik nichts anderes als »eine getarnte Diktatur des Monopolkapitals« gewesen.[162] Mit der nationalsozialistischen (»faschistischen«) Machtübernahme 1933 habe sich nicht die Substanz der monopolistischen Herrschaft verändet, sondern lediglich die Form, in der das Finanzkapital seine Herrschaft ausübte. Nach dem Sieg über das »faschistische« Deutschland sei eine Einheitsfront gegen »Faschismus und Reaktion« nur auf dem Gebiet der DDR geschaffen worden.[163] In Westdeutschland habe man die sozio-ökonomischen Voraussetzungen für eine Beseitigung des Faschismus aber wiederum nicht geschaffen.[164]

Mitte der fünfziger Jahre steigerten sich im Zusammenhang mit der Wiederbewaffnung (der sogenannten »Remilitarisierung«) die Vorwürfe einer ungebrochenen »faschistischen« Kontinuität erheblich. Adressat dieser Angriffe war – entsprechend zu den Bemühungen der Sowjetunion – das westliche Ausland, in dem antideutsche Ressentiments wachgehalten und gegen die Bundesrepublik und ihre Integration ins westliche Bündnis gerichtet werden sollten. Aber auch in der Innenpolitik machte sich der Vorwurf der »Renazifizierung« geltend, so daß diese Waffe verstärkt als innen- wie außenpolitisches Kampfmittel fungierte.

Besonders wichtig wurde hier der am 7. Januar 1954 gegründete Ausschuß für deutsche Einheit, der bis 1965 bestand und über fünfzig Publikationen herausgebracht und internationale Pressekonferenzen veranstaltet hat. Während die ersten Veröffentlichungen sich um ein positives DDR-Bild durch den Vergleich mit der negativ gezeichneten Bundesrepublik bemühten, womit offenbar auch die »Republikflucht« gedämpft werden sollte, begann mit der im Jahre 1958 herausgegebenen Broschüre *Wie sieht es drüben aus? 120 Antworten auf häufig gestellte Fragen*[165] der Versuch, das antifaschistische Argument gegen die Bundesrepublik zu wenden. Das faschistische Gedankengut habe dort bereits wieder denselben Stellenwert wie 1933. Die regierende CDU sei die politische Heimat der ehemaligen Offiziere und führenden Nationalsozialisten.[166] Der deutschen Geschichtsschreibung wurde vorgeworfen, sie schildere die Hitler-Ära »in den herrlichsten Farben« und hätte verlauten lassen, beim nächsten Weltkrieg sei lediglich eine bessere Ausrüstung erforderlich, um die Sowjetunion von der Landkarte zu streichen.[167]

In der 1962 veröffentlichten Schrift *Strauß und Brandt mobilisieren die SS. Drahtzieher der Revanchehetze um Westberlin* wird der Mauerbau als »antifaschistischer Schutzwall« ausgegeben, da dieser kriegs- und schießwütige Verbrecher abhalte, Land zu erobern.[168] Veröffentlichungen, die sich gegen den damaligen Verteidigungsminister Strauß richteten, der als die »Spinne im schwarz-braunen Netz des westdeutschen Klerikalismus« bezeichnet wird[169], und die Broschüre *Hitlers Generale greifen nach Atomwaffen*[170] hatten die bereits erwähnte doppelte Funktion: Sie sollten einerseits im westlichen Ausland Furcht vor dem deutschen »Militarismus« hervorrufen, indem Erinnerungen an den Zweiten Weltkrieg geweckt wurden. Zum anderen war die Wiederbewaffnung und um 1958 der Plan, die Bundeswehr mit Atomwaffen auszurüsten, auch in der Bundesrepublik heftig umstritten. Hier diente das »antifaschistische« Argument der Einflußnahme, die der SED mit sozialistisch-kommunistischen Argumenten nicht möglich gewesen wäre.

Dasselbe beabsichtigen die Versuche, durch den Nationalsozialismus scheinbar oder wirklich belastete Persönlichkeiten durch moralischen Druck aus dem öffentlichen Leben der Bundesrepublik zu entfernen. In der 1958 veröffentlichten Broschüre *Wer regiert Bonn?* heißt es, daß in Westdeutschland nicht das Volk, sondern eine hauchdünne Oberschicht von 150 Multimillionären herrsche. Die Bundesrepublik stehe in der Tradition einer Finanzoligarchie, die nacheinander Bülow, Bethmann Hollweg und Hindenburg, Brüning, Papen, Schacht, Hitler, Göring und schließlich Adenauer in den Sattel gehoben habe.[171] Nach elf Jahren Adenauerregierung sei die »braune Hydra« wieder in »alle Zweige des westdeutschen Staatsapparates eingedrungen«, heißt es in der 1960 erschienenen Schrift ... *wieder am Hebel der Macht*.[172] Von den siebzehn Bundesministern seien zwölf durch ihre nationalsozialistische Vergangenheit schwer belastet; 80 Prozent aller Bonner Diplomaten hätten schon unter Ribbentrop ihre Dienste geleistet. Alle 40 Generale der Bundeswehr seien schon in der Wehrmacht bei Hitlers Überfällen auf Europa dabeigewesen; die Schlüsselpositionen der westdeutschen Polizei wären wieder in den Händen ehemaliger Gestapo- und SS-Führer.[173]

Zu Beginn der sechziger Jahre bemühte sich der Ausschuß für deutsche Einheit zunehmend und in zahlreichen Fällen durchaus erfolgreich, die Vergangenheit politisch führender oder einflußreicher Personen »antifaschistisch« zu instrumentalisieren. Mit der Veröffentlichung *Fortschritt und Reaktion* (1961) wurden kurzgefaßte Lebensläufe von Politikern präsentiert, die beweisen sollten, daß nur im Osten Deutschlands die Kräfte des Friedens, der Demokratie und des gesellschaftlichen Fortschritts regierten und daher der DDR als einzig rechtmäßigem deutschen Staat die Zukunft gehöre.[174]

Einen bedeutsamen propagandistischen Erfolg erzielte der Ausschuß mit Publikationen, die sich gegen den Bundesvertriebenenminister Theodor Oberländer richteten, der seit 1953 zunächst als Funktionär des Blocks der Heimatvertriebenen und Entrechteten (BHE), später als Mitglied der CDU dem Bundeskabinett angehörte. Oberländer sei ein »Haupteinpeitscher der faschistischen Kriegs- und Ausrottungspolitik« gewesen. Als Führer des Bataillons »Nachtigall« habe er Pogrome in Lwow veranlaßt. Adenauer decke diesen »Wegbereiter des Hitler-Krieges und seiner Schrecken« und lasse ihn wieder den »Marsch gen Osten« proklamieren.[175] Diese Vorwürfe verfehlten ihren Zweck nicht. Da seit 1957 die »Vergangenheitsbewältigung« wieder populär wurde – dieser Ausdruck wurde damals geprägt –, mußte Oberländer unter dem Druck der DDR, aber auch dem bundesrepublikanischer und anderer westlicher Kritiker zurücktreten. Erst 1993 wurde er entlastet. Die Anschuldigungen waren propagandistische Verfälschungen. In ähnlicher Weise versuchte der Ausschuß für deutsche Einheit gegen den Staatssekretär im Bundeskanzleramt, Dr. Hans Globke, vorzugehen. Als Beamter des Reichsinnenministeriums hatte er als Mitautor einen Kommentar der *Nürnberger Gesetze* (1935) herausgegeben.[176] Trotz eines Pseudoprozesses in Ostberlin, der mit der Verurteilung Globkes in absentia zu lebenslänglicher Freiheitsstrafe endete, gelang es nicht, ihn von seiner Position als Staatssekretär zu verdrängen, obwohl die DDR-Angriffe in der Bundesrepublik, hier vor allem bei der SPD-Opposition, Widerhall fanden.

Als nächstes unternahm der Ausschuß für deutsche Einheit in der Broschüre *Eichmann: Henker, Handlanger, Hintermänner*[177] den Versuch, »SS-Henker mit dem öffentlichen Dienst der Bundesrepublik in Verbindung zu bringen. Diesem Vorhaben diente die Veröffentlichung *Der ehrbare Mörder. Der General Adolf Heusinger.*[178] In *Belohnte Mörder* und *Gestapo- und SS-Führer kommandieren die westberliner Polizei* (1961) wurden Namenslisten veröffentlicht, anhand derer Generalbundesanwalt Wolfgang Fränkel 1962 vorgeworfen wurde, daß er in der NS-Zeit an Todesurteilen beteiligt gewesen sei. Daraufhin mußte Fränkel von seinem Amt zurücktreten.[179]

Wenngleich weder die politische Ordnung der Bundesrepublik noch das Bündnis erschüttert wurde, hatten die SED und ihre Hilfsorganisationen durch den »Faschismus«-Vorwurf doch erreicht, daß eine ganze Reihe von Personen ihre Positionen räumen mußte und Dokumente aus Archiven der DDR von westdeutschen Politikern und Publizisten unkritisch übernommen wurden. Unter dem Vorwand, daß es sich um die Säuberung des öffentlichen Lebens von national-sozialistischen Überresten handele, wurden die Argumente als akzeptabel betrachtet. Der »Antifaschismus« war ein durchaus partiell wirksames Instrument zur Verfolgung politischer Ziele. Für die DDR mehr als für die Sowjetunion haben die Antifaschismus-Kampagnen der Zementierung des eigenen Systems und der Abgrenzung von der Bundesrepublik Vorschub geleistet. Noch im August 1989 erklärte angesichts steigender Unzufriedenheit mit dem System Professor Otto Reinhold, Mitglied des ZK der SED und seit 1962 Rektor der Akademie für Gesellschaftswissenschaften: »Die DDR ist nur als antifaschistischer, als sozialistischer Staat, als sozialistische Alternative zur BRD denkbar.«[180]

Wirkungen der Antifaschismus-Kampagnen auf das westliche Ausland

Als der Ost-West-Konflikt 1948 zum Kalten Krieg eskalierte, wurden beide Teile Deutschlands zunehmend in die Interessensphären der Vormächte eingegliedert. Sie waren nicht mehr ausschließlich Objekte der Weltpolitik, sondern gewannen nationalen Handlungsspielraum. Das Deutschlandbild wurde positiv. Als die Berliner Wahlen am 5. Dezember 1948 der SED trotz Blockade und Spaltung der Stadt eine schwere Niederlage bescherten und die politischen Parteien stärkten, die für die Bindung an den Westen eintraten, lobte Winston Churchill im Londoner Unterhaus das Wahlergebnis als Beweis für das »Wiedererstehen deutscher Charakterstärke«.[181] Ein Kommentator stellte fest, das deutsche Ansehen habe sich verbessert, weil in allen Zeitungen der Welt Berlin wegen seines Kampfes gegen eine neue Diktatur gerühmt werde, jenes Berlin, das noch vor wenigen Jahren als Symbol der Tyrannei galt.[182] Während dieser Zeit, also etwa von 1948 bis 1958, fand die Antifaschismus-Kampagne der Sowjetunion und der DDR in der Bundesrepublik und im gesamten Westen kaum ein Echo. Das änderte sich, als mit Chruschtschows Entstalinisierung ab 1956, mit der Politik der Koexistenz und der Umorientierung der amerikanischen Außenpolitik durch Kennedy ab 1961 sich die Ost-West-Spannungen deutlich verringerten.

Die Bundesrepublik, die auf der Wiedervereinigung und der vertraglich vereinbarten Unterstützung der Westmächte in dieser Frage beharrte und die allein durch ihre Existenz an Ost-West-Spannung und Kalten Krieg mahnte, wurde für die Westmächte zunehmend zum lästigen Verbündeten, zum Störfaktor bei der Entspannungspolitik. Daher suchte man zunehmend Gründe, sich von ihr zu distanzieren. Es spricht für sich, daß die Dezemberausgabe der amerikanischen Illustrierten *Look* (Auflage über sieben Millionen) einen Globus zeigte, über den der Schatten des Hakenkreuzes fällt. Ein fiktiver Bericht *Wenn Hitler den Zweiten Weltkrieg gewonnen hätte* von William L. Shirer enthüllte angebliche Pläne zur Versklavung des eroberten Amerika. Shirer behauptete, er habe Hitlers Geheimpläne für ein Terrorregime in England mit eigenen Augen gesehen. Über das den USA im Falle eines deutschen Sieges zugedachte Schicksal phantasiert er: »Präsident Roosevelt und sein Kabinett, fünfzig Kongreßabgeordnete, ... Richter, Bürgermeister, Gewerkschafter, Kirchenleute, Professoren und Redakteure sind in Transportflugzeugen der Luftwaffe in Konzentrationslager nach Deutschland abgeflogen worden ... Siebenunddreißig Schriftsteller – unter ihnen Hemingway, O'Neill und Faulkner – wurden in einem Sonderflugzeug der SS nach Deutschland verfrachtet ... Die Zahl der in dem großen Vernichtungslager von New Jersey Vergasten ist nie veröffentlicht worden, doch Eichmann prahlte kürzlich mit fast fünf Millionen . . . So unangenehm die japanische Besatzung im Westen ist, verglichen mit dem Regime der Nazideutschen ist sie milde . . . Zehntausende unserer führenden Persönlichkeiten sind bereits im SS-Lager hingerichtet oder zu Tode gefoltert worden. Präsident Roosevelt ist im Konzentrationslager Dachau im Frühjahr 1945 einem Herzschlag erlegen. Aber eine Geheimbotschaft an sein Volk, die kurz vor seinem Ende durch den Stacheldraht geschmuggelt wurde, hat die sinkende Moral vieler Amerikaner wieder aufgerichtet.«[183]

Zur gleichen Zeit erschien das Buch *The New Germany and the Old Nazis* von T. H. Tetens, einem deutschen Emigranten, Anhänger des pazifistischen Pädagogen Friedrich Wilhelm Foerster. Tetens hatte bereits 1953 das Buch *Germany Plots with the Kremlin* veröffentlicht, in dem er den Amerikanern deutlich machen wollte, daß Deutschland unzuverlässig sei. Dem damaligen Zeitgeist entsprechend wurde die Unzuverlässigkeit nicht in einer Renaissance des Nationalsozialismus gesehen, sondern in der Neigung der Deutschen, zwischen Ost und West zu schwanken und den Westen zugunsten des Ostens zu verraten.

Acht Jahre später hatten sich die Verhältnisse gewandelt; die deutschfeindliche Propaganda bediente sich jetzt der 1953 noch unpopulären antifaschistischen Stereotype. Die Ausführungen von Tetens waren offenkundig durch Veröffentlichungen des Ausschusses für deutsche Einheit angeregt worden. Dieser Darstellung zufolge haben die »Nazis« überall ein »geräuschloses Comeback« erlebt. »Vom Kanzleramt bis hinab in jedes Ministerialbureau, in Parteien, Länderparlamenten, Polizei, Schulwesen und Presse besetzten ehemalige Nazis ebensoviele Schlüsselpositionen wie in den mittleren und niederen Rängen von Bundes- und Länderregierungen.« Das Ministerium für gesamtdeutsche Fragen sei eine pangermanische Organisation mit unverhülltem Nazicharakter. Globke wird als Hitlers Testamentsvollstrecker dargestellt, die Bonner Republik sei von Hunderten nazistischer Organisationen übersät. In der Öffentlichkeit wurde das Buch unterschiedlich aufgenommen. Die *New York Times* hatte es zunächst kritisch, dann aber in einer zweiten Besprechung positiv rezensiert.[184]

Eine deutsche Beobachterin der amerikanischen öffentlichen Meinung stellte fest, daß diese zwar nicht von Deutschenhaß bestimmt sei und die negativen Stimmen aufgewogen werden durch andere, die der jungen deutschen Demokratie Glauben und Vertrauen schenken, aber:

»Mit Gewißheit läßt sich ein Wechsel in der Atmosphäre registrieren, der in den letzten zwei, drei Jahren (also seit 1958) erfolgt ist. Nicht offiziell, doch in der allgemeinen Stimmung Deutschland gegenüber. Die vielen und unübersehbaren Hakenkreuze, die im Gefolge von Shirers Buch allerorten sprießen, tun schließlich ihre Wirkung ... Aus Shirers Buch, das nach über einem Jahr immer noch zu den meistgelesenen Büchern der USA gehört, haben Millionen von Amerikanern, vor allem die Jugend, in spannend beschriebenen Einzelheiten erfahren, was unter Hitler in Deutschland vorging. Shirers These, daß diese Greuel ›typisch und unvermeidlich deutsch‹ seien, geht den Lesern dabei wie selbstverständlich ein. Zu dem Klimawechsel haben ferner beigetragen die Hakenkreuze an den deutschen Synagogen vor zwei Jahren, der Eichmann-Prozeß und schließlich die alten Filme, die jeden Abend über Millionen Fernsehschirme gehen. Da sie aus den dreißiger und frühen vierziger Jahren stammen, ist in ihnen der Bösewicht gewöhnlich ein SS-Mann, sprich: ein Deutscher. Eine Umfrage von 1958 stellte fest, daß Hunderte junger Amerikaner zwischen 14 und 19 Jahren mit dem Worte ›deutsch‹ die Begriffe ›Nazis – Krieg – Konzentrationslager – Verfolgung – Hitler‹ verbinden.

Als bestimmende Faktoren dafür gaben die Befrager die alten Kriegs- und Anti-Nazifilme an, die das Fernsehen verwertet und deren obere Datumsgrenze bei 1948 liegt. Entscheidend für das getrübte Deutschlandbild jedoch, das sich vielen Amerikanern neuerdings wieder stärker als zuvor eingeprägt hat, dürfte die Berliner Krise seit dem November 1958 sein, die ihnen die drohende Möglichkeit bewußt macht, über ausgerechnet einem deutschen Problem das eigene Leben riskieren zu müssen.«[185]

Der Gesinnungswandel der westlichen Meinungsführer läßt sich auch mit einem »München-Komplex« erklären. Obwohl mit Prag verbündet, hatten die Westmächte in der Sudeten-Krise 1938 die Tschechoslowakei nicht nur nicht unterstützt, sondern zu ihrer Aufteilung sogar Beihilfe geleistet. Man hoffte, auf diese Weise den Krieg zu vermeiden. Da dies nicht gelang, konnte man das eigene, moralisch fragwürdige Verhalten durch nichts rechtfertigen. Daher bestanden um 1960 Hemmungen, einen Verbündeten ohne weiteres fallenzulassen, nur weil sich das weltpolitische Klima verändert hatte. Es bedurfte zusätzlicher Gründe, sich von der Bundesrepublik Deutschland zu distanzieren. Wenn der Nachweis gelang, daß die Deutschen an ihrem Schicksal selbst schuld waren, sich nicht geändert hatten und die Verbündeten in einen neuen Konflikt hineinzuziehen drohten, dann war die Voraussetzung gegeben, sich von den vertraglichen Verpflichtungen ohne weiteres distanzieren zu können.

Im September 1960 behinderte das DDR-Regime wegen einer Tagung des Verbandes der Heimkehrer in West-Berlin mehrere Tage lang den Verkehr auf den Zugangswegen. Die Reaktionen im westlichen Ausland waren bezeichnend. In der Londoner *Times* vom 1. September 1960 hieß es, die westlichen Regierungen könnten eine entschlossene Haltung nur in der Verteidigung von Grundsätzen einnehmen, denen auch ihre Wählerschaft zustimmt. Dazu gehöre gewiß nicht, daß man wegen der Treffen irredentistischer Organisationen, die die Rückkehr jetzt unter polnischer oder tschechischer Verwaltung stehender Gebiete anstrebten, den Frieden gefährde. Dasselbe träfe wahrscheinlich auch auf den Vorschlag zu, eine Bundestagssitzung in Berlin abzuhalten. Das sei unnötig und provozierend. Die *Times* hielt es für ein Charakteristikum der Deutschen, eine gute Sache durch Übertreibungen zu verderben. Die Sache der Berliner sei bislang gut vertreten worden. Wenn die Deutschen aber nicht wüßten, wo sie Halt machen sollten, begingen sie einen Fehler. Denn unter den Westmächten würde sich die Ansicht verbreiten, daß man ihre Verpflichtung gegenüber West-Berlin ausnutzt. Von da sei es kein weiter Schritt zu der Überzeugung, daß der Einsatz nicht lohnt.

Der Regierende Bürgermeister Willy Brandt erklärte wegen dieser und zahlreicher anderer Äußerungen auf dem »Tag der Heimat« am 3./4. September 1960, die östliche Hetzkampagne stelle einen Versuch dar, die Unlustgefühle des westlichen Auslandes auf das deutsche Volk zu konzentrieren. Doch die deutsche Jugend sei in ihrer überwältigenden Mehrheit vom Geist der Völkerfreundschaft durchdrungen. Revanchismus, Militarismus und Kriegshetze gehörten für sie genauso der Vergangenheit an wie für diejenigen, die in Deutschland die Verantwortung tragen. Manche Beobachter im Ausland schienen jedoch bei »der Suche nach Flecken einer braunen Vergangenheit so sehr in Anspruch genommen zu sein, daß sie kräftig blutig-rote Kleckse auf der anderen Seite« übersähen.[186]

Als Willy Brandt 1962 in London einen Vortrag hielt, wurde die Veranstaltung gestört und er als Kriegshetzer beschimpft. Er repräsentierte eine Stadt, die allein durch ihre

Existenz und ihre politische Situation nach dem Mauerbau und im Jahr der Kuba-Krise Großbritannien in einen Konflikt hätte ziehen können. Insbesondere in England waren in jenen Jahren häufiger Äußerungen zu hören, die Zweifel an der Bereitschaft, im Ernstfall die Schutzfunktion auszuüben, erkennen ließen. Eine britische Zeitung regte um 1958 an, doch am besten ganz West-Berlin in die Lüneburger Heide umzusiedeln. In einem *Spiegel*-Gespräch mit Henry Kissinger (11. Februar 1959) kam dieser Mentalitätswandel ebenfalls zum Ausdruck. Die Verpflichtungen in Deutschland und für Berlin waren für den Westen nicht mehr materiell belastend, wie noch Anfang der fünfziger Jahre. Aber sie wurden politisch lästig. Die antifaschistischen Argumente des Ostens wurden immer willkommener, weil sie eine Distanzierung begründen konnten.

Die internationale Entwicklung nach 1969 hat die Bündnistreue der Westmächte nicht auf die Probe gestellt. Die Wirkung der antifaschistischen Propaganda des Ostens auf meinungsführende Kreise des Westens ist aber unverkennbar. Eine Nebenwirkung der durch die dauernde Propaganda heraufbeschworenen antifaschistischen Stereotypen war, daß die Erinnerung an das NS-System gruselig interessante Gefühle weckte: Krieg, Konzentrationslager, Sadismus und Masochismus stellten sich als Kriminalstück dar, das nicht fiktiv, sondern Wirklichkeit gewesen war. Insbesondere in Amerika ist pornographische Literatur unter der Tarnung des Antifaschismus verbreitet, der das niedere Geschäft moralisch schminkt. Die Anrüchigkeit der Pornographie wird durch ein höheres moralisches Niveau kompensiert, wenn es um den Kampf gegen deutsche nationalsozialistische Greuel geht.[187]

Obwohl beschwichtigend versichert wird, daß zwischen Nationalsozialisten und Deutschen unterschieden werde, geschieht das weder in der Praxis noch im Verständnis des Lesers und Zuschauers. Filmserien wie *Hogan's Heroes* und *Rat Patrol*, die in den USA liefen, belegen das ebenso wie Dokumentarfilme des westlichen Auslandes, die sich mit der deutschen Vergangenheit befassen. Noch 1956 gelang es der Bundesregierung, die Vorführung des Auschwitz-Films von Alain Resnais, *Nacht und Nebel*, auf den Filmfestspielen von Cannes zu verhindern, da die Gleichsetzung von Nationalsozialisten und Deutschen befürchtet wurde. Im Jahre 1963 bemühte sich der damalige CDU-Bundestagsabgeordnete Dr. Berthold Martin auf einer Tagung französischer, italienischer und deutscher Filmproduzenten in Paris, darauf hinzuwirken, daß in Italien keine deutschfeindlichen Filme mehr gedreht werden. Der Verband der italienischen Filmautoren ließ daraufhin wissen, daß jede Entscheidung, die Herstellung antinazistischer Filme einzustellen, auf die klare Ablehnung all ihrer Mitglieder treffen werde. Es werde die Meinungsfreiheit und das Recht auf freien Austausch der Gedanken eingeschränkt. Jede Initiative der Filmproduzenten, die auf diesem Gebiet zu Beschränkungen führen würde, wäre eine Verletzung der von der Verfassung garantierten Freiheitsrechte.

Die internationalen antifaschistischen Kampagnen bewirkten, daß sich das Wort »Faschismus« von seinem Inhalt zu lösen begann und ein Synonym für alles Böse wurde. Als Hilfsmittel zur Diffamierung politischer Gegner machte der Begriff eine internationale Karriere. Zum Beispiel bezichtigten nach der demütigenden Niederlage im Sechstagekrieg 1967 arabische Autoren den Staat Israel, ein Hort des Nazismus beziehungsweise Faschismus zu sein. Man wies auf eine Zielidentität von Nationalsozialisten und Zionisten hin, denen übereinstimmend daran gelegen habe, Deutschland judenfrei zu machen und die Auswanderung nach Palästina zu fördern. Das habe folgerichtig zur Zusammenarbeit beider geführt. »Faschismus« ist als Kampfbegriff sehr zweckdienlich, da er sich traditionellen Feindbildern wie Imperialismus und Kolonialismus an Wirkung und Schlagkraft überlegen zeigt. Israel wurde von der Gleichsetzung mit Nationalsozialismus und Faschismus besonders getroffen.[188]

Eine gesamtdeutsche Klammer

Die Dialektik des Antifaschismus in Deutschland liegt darin, daß er vor 1990 die Eigenständigkeit der DDR betonte und damit die deutsche Spaltung aufrechterhielt. Zugleich erwies er sich als Norm, auf die sich in Ost und West gegensätzliche Kräfte einigen konnten, da alle – mit Blick auf die NS-Erfahrung – »Antifaschisten« sein wollten. Der Faschismus-Verdacht ließ sich deshalb ganz leicht gegen politische Gegner einsetzen. Die Linken beriefen sich nachdrücklicher auf den Antifaschismus, da sie ihn sowohl moralisch als auch soziostrukturell vertraten. Für sie bedeutete Antifaschismus Antikapitalismus und damit Sozialismus. Die demokratische Mitte hingegen vertrat einen eher gefühlsmäßig-moralischen Antifaschismus, der in den Augen der politischen Gegner stets als inkonsequent abgewertet werden konnte.

Nachdem im Zeichen der antifaschistischen Vergangenheitsbewältigung in den sechziger und siebziger Jahren der antitotalitäre Grundkonsens der Demokraten durch einen antifaschistischen Konsens verdrängt worden war, konnte zeitweilig die Befürchtung entstehen, die freiheitlich-demokratische werde durch eine antifaschistisch-volksdemokratische Grundordnung abgelöst. Dies ist dank des Zusammenbruchs des »real existierenden Sozialismus« nicht eingetreten. Im Gegenteil. Der Antifaschismus verlor zunächst an Bedeutung, behielt jedoch seine Funktion als emotionaler Kitt einer Volksfrontpolitik. Weil zeitgleich der Rechtsextremismus zunahm, konnte ein moralisch argumentierender Antifaschismus, der seine antikapitalistische Komponente zwar nicht einbüßte, aber abgemildert hat, erstarken. Anstelle des Antikapitalismus trat nun ein primitiver Antigermanismus.

Intellektuelle und Künstler in Ost und West setzten den Antifaschismus ein, um die Eigenart der DDR zu erhalten und die Wiedervereinigung zu bekämpfen. Unter Ablehnung des verkürzt und verfälschend als »Stalinismus« bezeichneten Sozialismus wurde eine sozialistische Erneuerung auf »humanitärer Basis« erstrebt. Voraussetzung war die Aufrechterhaltung der Eigenstaatlichkeit der DDR. Die antifaschistisch-demokratische Periode der SBZ/DDR von 1945 bis 1949 gilt dieser Legende zufolge als Zeit des Aufbruchs und des Aufbaus einer neuen, besseren Gesellschaft. Der stalinistische Terror dieser Zeit, der erst ab Mitte der fünfziger Jahre nachließ, ohne als Instrument staatlicher Gewaltausübung je ganz aufgegeben zu werden, wird dabei außer acht gelassen.

Westdeutschland dagegen galt als kapitalistisch, die Bundesrepublik als Staat der Bourgeoisie, so daß eine Wiedervereinigung in Form eines »Anschlusses« an die Bundesrepublik dem Ende jeglichen Sozialismus gleichkam. Ende November 1989 veröffentlichten zahlreiche Intellektuelle und Künstler den Aufruf *Für unser Land*, in dem es hieß: »Entweder können wir auf der Eigenständigkeit der DDR bestehen und versuchen, mit allen unseren Kräften und in Zusammenarbeit mit denjenigen Staaten und Interessengruppen, die dazu bereit sind, in unserem Land eine solidarische Gesellschaft zu entwickeln, in der Frieden und soziale Gerechtigkeit, Freiheit des Einzelnen, Freizügigkeit aller und die Bewahrung der Umwelt gewährleistet sind. Oder wir müssen dulden, daß, veranlaßt durch starke ökonomische Zwänge und durch unzumutbare Bedingungen, an die einflußreiche Kreise aus Wirtschaft und Politik in der Bundesrepublik ihre Hilfe für die DDR knüpfen, ein Ausverkauf unserer materiellen und moralischen Werte beginnt und über kurz oder lang die Deutsche Demokratische Republik durch die

Bundesrepublik vereinnahmt wird. Laßt uns den ersten Weg gehen. Noch haben wir die Chance, in gleichberechtigter Nachbarschaft zu allen Staaten Europas eine sozialistische Alternative zur Bundesrepublik zu entwickeln. Noch können wir uns besinnen auf die antifaschistischen und humanistischen Ideale, von denen wir einst ausgegangen sind . . .«[189] Dieser Aufruf wurde unterzeichnet von dem damaligen Dresdner Oberbürgermeister Wolfgang Berghofer (SED), dem oppositionellen Intellektuellen Walter Janka, Schriftstellern wie Christa Wolf, Volker Raul, Stefan Heym, dem evangelischen Bischof Demke sowie zahlreichen Künstlern und Persönlichkeiten des öffentlichen Lebens. Daß auch Egon Krenz unterschrieb, damals noch Chef von Staat und Partei, schadete der moralischen Glaubwürdigkeit des Aufrufs sehr.

Der Antifaschismus wirkte hier als negative gesamtdeutsche Klammer zwischen DDR-Sozialisten alter und neuer Prägung und westdeutschen Linken. Als Gegner einer neuen deutschen Einheit, die als kapitalistisch, imperialistisch, großdeutsch und als Triumph über den Sozialismus aufgefaßt wurde, waren sie sich somit einig. Bei den Leipziger Montagsdemonstrationen tauchten erstmals am 6. November Parolen auf wie »Vom Stalinregen in die großdeutsche Traufe«. Den Höhepunkt brachte bezeichnenderweise die Demonstration vom 4. Dezember 1989, kurz nachdem der Aufruf *Für unser Land* veröffentlicht worden war. Unter den zahlreichen »antifaschistischen« und gegen die Wiedervereinigung gerichteten Parolen hieß es: »Für Antifaschismus, Demokratie, Pluralismus!« – »Wiedervereinigung? Und wo bleibt der aufrechte Gang?« – »DDR als Bundesland? Wer das will, hat keinen Verstand« – »Wir lassen uns nicht von Thyssen küssen!« – »Der Schoß ist fruchtbar noch aus dem das kroch! Wiedervereinigung? Wir wollen kein ›Viertes

Reich!‹ « – »Jetzt keine Wiedervereinigung, sondern neuen Sozialismus!«[190] Viele westdeutsche Intellektuelle, so Günter Grass, Jürgen Habermas und Erich Kuby, sprachen sich mit antifaschistischen Argumenten gegen die Einheit der Nation aus. Die Belastungen durch die nationalsozialistische Vergangenheit, die Ängste der Nachbarn, so wurde behauptet, legten den Verzicht auf ein einheitliches Deutschland nahe, das oft als »Großdeutschland« oder als »Viertes Reich« bezeichnet wurde.[191] Mit der Erhaltung der DDR hingegen sollte der Sozialismus gerettet werden, der, in seiner bisher »real existierenden« Form gescheitert, nunmehr als Utopie galt. Es soll ein »humanitärer« Sozialismus sein, der allerdings durch die deutsche Einheit gefährdet werde, da die Wiedervereinigung ein Übergreifen des Kapitalismus auch auf die bisherige DDR bedeute.

Hier wird die enge Verknüpfung von Sozialismus und Antifaschismus deutlich. Der unattraktive »wissenschaftliche Sozialismus« wird durch einen moralisierenden Antifaschismus ersetzt: »Natürlich, wer die deutsche Einheit lauthals fordert, ist nicht deshalb ein Neonazi. Wer Kommunisten nicht mag oder keine(n) Farbige(n) heiraten will, ist darum kein Neofaschist. Antifaschisten denken so nicht ... Antifaschismus ist mehr als Geschichtsaufarbeitung und Heldenverehrung – es ist der offensive Streit mit reaktionären, demokratiefeindlichen Positionen.«[192] Stefan Heym meint, die Einheit werde negative psychische Folgen haben, sie werde das Volk verunsichern, was dazu führe, daß neue Feinde – Juden, Kommunisten, Fremde – gesucht werden.[193] Auf diese Weise wird das alte System moralisch verteidigt, nach dem Motto: Es war zwar fehlerhaft, aber das eine muß man ihm lassen – es war wenigstens konsequent antifaschistisch.

Vor 1989/90 war der Antifaschismus der Linken eine Grundlage innerdeutscher Kooperation. Wenn westdeutsche

Linke die DDR besuchten oder DDR-Delegationen die Bundesrepublik – stets bildete der Besuch »antifaschistischer« Gedenkstätten und die Betonung »antifaschistischer« Verpflichtungen die Basis der Verständigung, gegen die niemand etwas einwenden konnte, ohne sich dem Verdacht »neofaschistischer« Sympathien auszusetzen. In der Phase der Wiedervereinigung und nach Herstellung der deutschen Einheit zielte der Antifaschismus darauf, die DDR zu erhalten, später den Sozialismus und die politische Ordnung der SBZ/DDR zu rechtfertigen, insbesondere ihre Anfangsphase zu verklären. Insofern hat der Antifaschismus nach wie vor eine gesamtdeutsche Bedeutung.

Antifaschismus als gemeinsame Basis westdeutscher Linker und der DDR

Linke haben sich untereinander mit dem Vorwurf des »Faschismus« bekämpft. Dieses scheinbar widersinnige Verhalten wird jedoch plausibel, wenn man bedenkt, daß es vor 1989/90 im Interesse der SED-Deutschlandpolitik lag, alle Bestrebungen zu bekämpfen, die der Abgrenzungspolitik zuwiderliefen. Die DDR konnte sich nach 1971 ausschließlich ideologisch, als sozialistische Alternative zur »kapitalistischen« BRD bestimmen. Eine nationale Legitimation war nicht tragfähig. Aus Furcht vor Entlegitimierung bekämpfte die SED alles, was auch nur entfernt gesamtdeutschen Charakter hatte. Nach dem Ende der DDR übernahmen die desorientierten Linken die antinationale Propaganda der SED, weil für sie alles, was mit deutscher Einheit zusammenhängt, als »großdeutsch« und als »faschistisch« gilt. Deshalb gibt es eine linke Gruppe und Einzelpersonen übergreifende gesamtdeutsche Kontinuität, die sich gegen die deutsche Einheit richtet. Besonders antinational agitierten die ehemals maoistischen K-Gruppen und der Kreis um Jutta Ditfurth und Thomas Ebermann.

Unter den westdeutschen Helfern der SED und anderer linker Gruppen spielt die Vereinigung der Verfolgten des Naziregimes – Bund der Antifaschisten (VVN-BdA) eine besondere Rolle. Im Mai 1948 hatte der Parteivorstand der SPD die Unvereinbarkeit der Mitgliedschaft in der VVN beschlossen, weil diese Organisation »von den Kommunisten als eine ihrer politischen Hilfsorganisationen mißbraucht« werde.[194] Wie stark sich das politische Klima gewandelt hatte und die um 1950 als Feinde der Demokratie bekämpften Kommunisten salonfähig geworden waren, geht aus der Haltung der SPD um 1987 hervor. Zahlreiche Sozialdemokraten arbeiteten mit der VVN zusammen; sie wurde als wichtige Partnerin der notwendigen antifaschistischen Aufklärung bezeichnet[195], obwohl sich diese von der DDR finanzierte Organisation keineswegs gewandelt hatte.

In der Tat erzielte die VVN vor 1989 durch die Verwendung des Antifaschismus als Kooperationsbasis bündnispolitische Erfolge bei Gewerkschaftern, Grünen, Sozialdemokraten und Christen, die mit offen kommunistischen Argumenten nicht zu gewinnen gewesen wären. Sofern sozialistisch-kommunistische Absichten antifaschistisch getarnt waren, gelang es, diese hoffähig zu machen. Mit Genugtuung konnte ein Funktionär der VVN in Baden-Württemberg, gleichzeitig Mitglied des Bezirksvorstandes der DKP Baden-Württemberg, eine positive Bilanz hinsichtlich der Bündnispolitik der VVN ziehen und feststellen, daß ein Durchbruch gelungen war. Schon der Tagungsort, das Gewerkschaftshaus in Stuttgart, habe Symbolcharakter. In einer halbstündigen Rede habe der Vorsitzende des DGB-Landesbezirks Baden-Württemberg der VVN für den »unermüdlichen Einsatz«

gedankt. Ein Redner der SPD-Landtagsfraktion habe die Zusammenarbeit mit der VVN/BdA im Kampf gegen die Aberkennung der Gemeinnützigkeit des Verbandes als »beispielhaft« herausgestellt. Zahlreiche DGB-Kreisvorsitzende, Sekretäre von Einzelgewerkschaften und Bundestags- und Landtagsabgeordnete nahmen an dieser Landesdelegiertenkonferenz am 14./15. Februar 1987 in Stuttgart teil. Auf dem Bundeskongreß der VVN/BdA vom 29.–31. Mai 1987 in Frankfurt/Main konnte der Generalsekretär des Verbandes, Kurt Erlebach (DKP), feststellen, durch gemeinsame antifaschistische Aktionen gegen »neofaschistische Gruppierungen« sei die Einsicht für die Zusammenarbeit zwischen Sozialdemokraten, Kommunisten, Christen, Grünen und Liberalen gewachsen und der Antikommunismus abgebaut worden. Zahlreiche Grußschreiben bestätigten ihn.[196]

Gruppen wie der Linken Deutschlanddiskussion, geleitet von Rolf Stolz, Köln, einem ehemaligen Bundesvorstandsmitglied der Grünen, oder der AG Berlin- und Deutschlandpolitik der Alternativen Liste Berlin, wurde vorgeworfen, die Gesellschaftsordnungen in Osteuropa verändern zu wollen, das Übergewicht der Bundesrepublik gegenüber der DDR durchzusetzen und mit osteuropäischen Oppositionsbewegungen wie Charta 77 und der Solidarność zusammenzuarbeiten. Diese linken Organisationen würden »faschistische Verbindungen« unterhalten und nationalistisches Gift in Friedens- und Ökologiebewegungen hineintragen. Einem Bündnis aus VVN-Angehörigen, linken Sozialdemokraten und Grünen sowie sozialdemokratischen Organisationen wie den Falken und Jungsozialisten gelang es, den Bundestagsabgeordneten Konrad Gilges (SPD), der 1987 auf einer Veranstaltung der Linken Deutschlanddiskussion sprechen sollte, zu einer Absage zu veranlassen.[197]

Der Wandel der Einstellung zur VVN, der in der Ablehnung der SPD von 1948 und in der Annäherung sozialdemokratischer, gewerkschaftlicher und grüner Politiker um 1987 zum Ausdruck kommt, hatte bereits um 1960 begonnen. Die antitotalitäre »Solidarität der Demokraten«, die von einem Grundkonsens der demokratischen Parteien ausging, war zerfallen. Die antitotalitäre Grundhaltung, die sich gegen Nationalsozialismus und Kommunismus gleichermaßen richtete, verblaßte zugunsten eines einseitigen Antifaschismus. Dies wurde am Verbotsprozeß gegen die VVN deutlich. Am 23. Oktober 1959 hatte die Bundesregierung beim Bundesverwaltungsgericht den Antrag auf Feststellung der Verfassungswidrigkeit der VVN eingereicht. [198] Da die VVN ihre Agitations- und Zersetzungskampagne unvermindert fortsetzte, sollte sie verboten werden. Die Bundesregierung betonte, aus den bitteren Erfahrungen der Weimarer Republik habe man die Lehre gezogen, daß die Staatsordnung zum Schutze der Freiheit gegen ihre Feinde verteidigt werden müsse. Anders als in der Weimarer Zeit dürften sich Gegner der demokratischen Freiheit dieser nicht bedienen, um sie zu beseitigen. Artikel 9 des Grundgesetzes verbiete deshalb Organisationen, die das Grundrecht der Vereinigungsfreiheit zum Kampf gegen die Verfassung ausnützen.

Die Bundesregierung stellte fest, daß die VVN zu den kommunistischen Tarnorganisationen gehöre, die von der KPD und von der SED abhängig seien. Die VVN-Leitung setze sich überwiegend aus ehemaligen KPD-Funktionären zusammen. Von den vier Präsidenten des Bundesvorstandes der VVN seien zwei exponierte Mitglieder der verbotenen KPD; von den vierzehn im geschäftsführenden Präsidium des VVN-Bundesvorstandes tätigen Personen hätten elf der KPD angehört. Vier von den fünf Mitgliedern der Bundesgeschäftsführung seien bis zu dem Verbot in der KPD gewesen. Von den neun Landessekretären der VVN seien acht Mitglieder beziehungsweise Funktionäre der KPD gewesen. Die Länder Hamburg und Rheinland-Pfalz hatten die VVN zu diesem Zeitpunkt (1959) bereits als kommunistische Organisation verboten. In Nordrhein-Westfalen wurde der VVN die Beratung und Vertretung ihrer Mitglieder bei den Entschädigungsbehörden entzogen.

Das Verfahren endete blamabel für die Bundesregierung. Bereits nach dem zweiten Verhandlungstag im Dezember 1962 beschloß das Bundesverwaltungsgericht, den Prozeß nicht fortzusetzen. Ein neuer Termin wurde nicht anberaumt. Mit der Begründung, es gehe darum, im Dritten Reich begangenes Unrecht zu sühnen, verlangte das Bundesverwaltungsgericht von der Bundesregierung, sie müsse abwägen, ob gegen eine Organisation von Verfolgten ein Verbot mit der damit untrennbar verbundenen Strafsanktion erlassen werden dürfe. Besondere Bedeutung bekam das Verhalten des Gerichts durch die Tatsache, daß dessen Präsident, Prof. Fritz Werner, der die Verhandlung leitete, wegen seiner NS-Vergangenheit kommunistischen Angriffen ausgesetzt war. Der VVN-Sekretär von Niedersachsen, August Baumgarte, ebenfalls ein Mitglied der verbotenen KPD, hatte Materialien verbreitet, aus denen hervorging, daß Werner seit 1933 der SA angehört hatte. Außerdem veröffentlichte er Zitate aus der Dissertation Werners. NS-Beschuldigungen gegen weitere Bundesrichter wurden angekündigt.[199]

Daß die Entscheidung des Bundesverwaltungsgerichtes, den bereits begonnenen Prozeß kurzerhand abzubrechen, sowohl von der Bundesregierung als auch von der Öffentlichkeit hingenommen wurde, wirft ein Licht auf das politische Klima seit dem Verbot der KPD 1956. Der Antifaschismus war eine wirkungsvolle Waffe im innenpolitischen Kampf geworden. Westdeutsche Politiker und Publizisten, die sich bis Anfang der sechziger Jahre von der SED-Diktatur abgegrenzt hatten, näherten sich diesem System an, sobald die Zusammenarbeit antifaschistisch motiviert wurde.

Diese Einstellung hat das Ende der DDR und des osteuropäischen »Realsozialismus« überdauert. Nach wie vor – gerade unter dem Eindruck der Ausländerfeindlichkeit – herrscht die Tendenz, den »Antifaschismus« einseitig hervorzuheben und die antitotalitär begründete Bekämpfung des verfassungsfeindlichen Linksextremismus zu vernachlässigen.

Antifaschismus als Basis west-östlicher Kooperation

Als der »Kalte Krieg« nach 1960 beendet zu sein schien und die Koexistenz-Propaganda ihre entspannende Wirkung zeigte, waren Sozialdemokraten, Gewerkschaften und unorganisierte intellektuelle Linke zunehmend bereit, mit Kommunisten zu kooperieren, sofern diese ihre Aktivitäten nur antifaschistisch verhüllten. Um 1960 endete die Zeit des Wiederaufbaus, die Stabilität des »Wirtschaftswunders« überlagerte ein Grundgefühl der Stagnation. Von da an löste sich der antitotalitäre Grundkonsens der Demokraten der ersten Nachkriegszeit auf. Die zweite Welle der antinationalsozialistischen Vergangenheitsbewältigung führte ungefähr seit 1957 zu einer neuen Rechts-Links-Polarisierung in der deutschen Politik. Jetzt sahen sich die sogenannten »bürgerlichen« Parteien mit dem Vorwurf konfrontiert, mit den Nationalsozialisten gemeinsame Sache gemacht zu haben. Auf der anderen Seite standen diejenigen, die von den Nationalsozialisten verfolgt worden waren. So entstand allmählich eine Annäherung von Kommunisten, Sozialdemokraten und

Gewerkschaftern, die sich alle als »Opfer des Faschismus« betrachten konnten.

Die Kommunisten nutzten dieses »antifaschistische« Grundgefühl zielbewußt für ihre Zwecke. Einen Höhepunkt dieser Entwicklung brachten die Feiern zum 40. Jahrestag des Kriegsendes 1985. An den aus diesem Anlaß stattfindenden »antifaschistischen« Demonstrationen und Kundgebungen nahmen neben der DKP und der VVN auch mehrere Bundestagsabgeordnete der SPD, der Grünen, Funktionäre und Gliederungen der Jungsozialisten und Gewerkschaften teil. Zu den Veranstaltungen luden zum Teil DKP, SPD und Einzelgewerkschaften gemeinsam ein. Offen bekannte aus diesem Anlaß die DKP-gesteuerte Initiative 40. Jahrestag der Befreiung und des Friedens, daß es ihr um die Aktionseinheit von Kommunisten und Demokraten gehe. Es sei ein beachtlicher Beitrag dazu geleistet worden, so erklärte die DKP, daß der 8. Mai von vielen als »Tag der Befreiung« aufgenommen worden sei. Kein anderer Jahrestag der Nachkriegsgeschichte habe ähnliche Bereitschaft erzeugt, in breiten Bündnissen zusammenzuarbeiten.

Obwohl das Bundesinnenministerium in einer Übersicht zu erkennen glaubte, daß es der DKP kaum gelungen war, die Hälfte ihrer auf rund 100 000 Personen geschätzten Anhänger zu mobilisieren, waren bei dieser Gelegenheit doch insgesamt 52 500 Demonstranten und Kundgebungsteilnehmer aktiv.[200] Auch wenn es den antifaschistischen Bündnissen nach wie vor nicht gelang, eine Massenbasis zu erreichen, signalisierte die Tatsache, daß mit der einstmals verfemten VVN offen paktiert wurde, daß der antifaschistisch getarnte Kommunismus salonfähig geworden war. Am Bundeskongreß der VVN im Mai 1987 beteiligten sich durch Delegationen oder Grußadressen die Grünen, der DGB-Landesbezirk Hessen, die Jungsozialisten, die Gewerkschaft Handel, Banken und Versicherungen, die IG Druck und Papier, die Gewerkschaft Holz, die Falken sowie Horst Peter (SPD-MdB), Ernst Walthemate (SPD-MdB), Oskar Lafontaine (SPD-MdB) und Franz Steinkühler (IG Metall). In den VVN-Bundesvorstand wurden trotz offiziell niemals aufgehobenen Unvereinbarkeitsbeschlusses eine SPD-Kommunalpolitikerin, Hildegard Lisse, und Gertrud Schilling, MdB der Grünen, gewählt.[201]

Nicht erst seit den ausländerfeinlichen Gewalttaten vom Sommer 1992 zeigte sich, daß Aktivitäten und Erfolge der Rechten auf die Linke solidarisierend wirken, wobei der in Übergröße herausgestellte faschistische Popanz Hauptanlaß der linken Aktionsgemeinschaft ist. Als im März 1989 die Republikaner bei den Wahlen zum Abgeordnetenhaus in Berlin einen überraschenden Wahlerfolg erzielten und mit elf Mandaten ins Schöneberger Rathaus einziehen konnten, fand eine Großdemonstration gegen »Neonazis, Faschismus, Rassismus und Ausländerfeindlichkeit« unter Beteiligung des SPD-Landesvorsitzenden Walter Momper, des DGB-Landesbezirksvorsitzenden Walter Pagels und führender Funktionäre der Alternativen Liste sowie des Westberliner SED-Ablegers Sozialistische Einheitspartei Westberlins statt. Das SED-Zentralorgan *Neues Deutschland* berichtete über »das eindrucksvolle Bekenntnis von DGB, SPD, SEW und AL gegen das Anwachsen des Neonazismus« in West-Berlin. Das Organ der Freien Deutschen Jugend, *Junge Welt*, kommentierte, daß die Bedeutung des Wortes »antifaschistischer Schutzwall« für die Berliner Mauer keineswegs antiquiert oder überholt sei, wie dies im Westen stets aufs neue wiederholt werde, sondern sie erweise sich aus gegebenem Anlaß als bitter aktuell.

In dieser Demonstration bewies sich der Zerfall der »Gemeinsamkeit aller Demokraten« auf sehr eindrucksvolle

Weise. Die Angriffe richteten sich nicht nur gegen die Republikaner, die lediglich den äußeren Anlaß für die Demonstration boten. Im Mittelpunkt der Agitation stand vielmehr die CDU. Auch Walter Pagels brachte die CDU mit dem Faschismus in Verbindung. Die »menschenverachtende und unsoziale Politik« Bonns und Berlins habe das Aufkeimen des Rechtsextremismus entscheidend begünstigt. In einer Pressemitteilung der Jungen Union wurden diese Ereignisse zutreffend kommentiert: »Die Ersetzung des antitotalitären durch das antifaschistische Verständnis der Demokratie hat sich zu einer Strategie der AL verengt, linksextremistische Denkformen zu verbreiten. Die geistigen Folgen sind fatal, denn hier vollzieht sich ein allmählicher Abbau jener Hemmungen und Schutzvorkehrungen der wehrhaften Demokratie, die Staat und Gesellschaft vor neuen Polarisierungen und extremen Ideologisierungen bewahren sollte. Das sich abzeichnende Bündnis in Berlin versucht, aus jeder moralischen und politischen Streitfrage nach Möglichkeit eine Probe aufs Exempel antifaschistischer Gesinnung zu machen, die Kritik am Nationalsozialismus zu einem zweckrational genutzten Instrument der moralischen und politischen Diskriminierung beliebiger aktueller Gegner zu benutzen.«[202]

Bei der demokratischen Linken ging, wie man sieht, die Ablehnung von linksextremen Verfassungsfeinden verloren. Die pseudomoralische Rechtfertigung kam vom Antifaschismus, pseudomoralisch, weil bei geringer geistiger Anstrengung hätte deutlich werden können, daß es um die Durchsetzung linksextremer Ziele ging. Die Hemmungslosigkeit ging so weit, daß die Nachbarschaft zu gewalttätigen linksextremen Kriminellen, den fälschlich sogenannten »Autonomen«, nicht gescheut wurde.

Während es noch 1988 lediglich etwa 200 »antifaschistische« Bündnisse gab, schnellte die Zahl nach den Wahlerfolgen der Republikaner 1989 auf 800.[203] Die unterschiedlichsten Gruppen fanden sich unter dem Schlagwort »Antifaschismus« zu Aktionsbündnissen zusammen, so 1989 in Heilbronn die Alternative Liste, die Aids-Hilfe, die Grauen Panther, die ÖTV, die Arbeiterwohlfahrt, die Nichtseßhaften-Hilfe, die Homosexuellen-Emanzipationsgruppe und Fraueninitiativen.[204] Hätten diese Vereine ihre Zusammenarbeit mit positiven Zielsetzungen begründen müssen, wären unüberbrückbare Gegensätze deutlich geworden. Auf den gemeinsamen Feind, den »Faschismus«, konnte man sich aber problemlos einigen. Kriminelle Aktionen linksextremer Gruppen wurden von den Medien oft stillschweigend hingenommen, wenn sie antifaschistisch veredelt wurden. Zahlreiche Beispiele für linksextreme »Selbstjustiz«, Körperverletzungen, Hausfriedensbrüche und Steckbriefaktionen liegen vor.[205]

Dieses Konglomerat antifaschistischer Überzeugungstäter hatte auch mindestens indirekte Kontakte zum Ministerium für Staatssicherheit (MfS). Dort existierte eine eigene Abteilung zur Beeinflussung westdeutscher Medien und »Meinungsführer«.[206] Ein führendes Mitglied der Berliner AL, das als Mitarbeiter der Staatssicherheit entlarvt wurde, ist Dirk Schneider, zeitweiliger Bundestagsabgeordneter der Grünen. Die AL-Berlin hatte eine Zeitlang einen sehr aktiven Arbeitskreis zur Außen- und Deutschlandpolitik, der national-neutralistische Positionen diskutierte. Mit dem Vorwurf des Nationalismus und Faschismus hat Schneider im Sinne seiner Auftraggeber diese für die DDR unangenehmen Tendenzen bekämpft.

Ein zweites Beispiel für die Verbindungen der Stasi in die westdeutsche linke Szene: Der als MfS-Agent angeklagte und verurteilte ehemalige Terroristen-Anwalt Klaus Crois-

144

sant hat das Vorwort zu einem Buch zweier im Raume Bonn und in Nordrhein-Westfalen tätiger »Antifaschisten« geschrieben, in dem er noch nach der Wende linksextreme, gegen die politische Ordnung der Bundesrepublik gerichtete Auffassungen mit antifaschistischen Phrasen rechtfertigt.[207]

Medium dieser Entwicklung ist die VVN gewesen. Ihre älteren Mitglieder genossen wegen der Verfolgung in der nationalsozialistischen Zeit ein hohes Ansehen, von dem auch die jüngeren noch profitieren konnten. In welch spießiger und unfreiwillig komischer Weise versucht wurde, den Mythos der Verfolgten politisch zu instrumentalisieren, zeigt ein Bericht aus einer VVN-Zeitung über den Bundeskongreß der Organisation 1987. Dort heißt es, daß die Chance, bei der Abrüstung Erfolge zu erzielen, jung und alt eine. »Spürbar war der sich parallel zur Dynamik der Friedensbewegung entwickelnde, durch so viel Leiden geläuterte Optimismus der ältesten Generation der VVN. In der Kongreßpause, beim Kaffee, agitierte einer, der durch die Zuchthäuser des Hitler-Regimes gegangen war: Jetzt will ich auch noch das Jahr 2000 erleben, wenn die Menschheit erstmals den Weg zur Abrüstung einschlägt. In seinen Augen zeigte sich Lebenslust.«[208]

Wenn diese Biederkeit kriminellen linksextremen Aktivisten auch als Humanitätsduselei erschienen sein mag, so hatte sie doch über die Aktivierung des Mythos der antifaschistischen Widerstandsbewegung eine mobilisierende Funktion, die freilich in dem Maße nachläßt, in dem die ältere Generation abtritt. Gerade dieser Bundeskongreß zeigte aber auch die Grenzen der Mobilisierungsfähigkeit der VVN. Zwar nahmen an dem Kongreß Delegationen aus acht Ländern teil. Sechs davon gehörten aber dem damaligen (1987) Ostblock an, von den westeuropäischen Ländern waren lediglich Frankreich und die Niederlande vertreten. Aus sieben

145

weiteren Ländern lagen Grußschreiben vor. Der internationale Widerhall kann also als dürftig bezeichnet werden.[209]

Der Antifaschismus und sein Einfluß auf die Deutschen haben sich nach 1945 in einem ständigen Auf und Ab entwickelt. Von 1945 bis 1948 brachten die Enthüllungen über die Praktiken des nationalsozialistischen Systems einen ersten Höhepunkt. Dies äußerte sich in gesetzgeberischen Maßnahmen (Säuberungsgesetze), in Prozessen, in der Entnazifizierung und der »Umerziehung«. Der sich steigernde Kalte Krieg, der 1948 seine volle Wirkung erreichte, beendete diese erste Phase der Vergangenheitsbewältigung.

Von 1948 bis 1957 galt die Vergangenheit als bewältigt. Kritiker wiesen auf die »Restaurierung« der Vorkriegsverhältnisse hin, ohne damit aber in der Öffentlichkeit Widerhall zu finden. Ab 1957 setzte mit den ersten Prozessen gegen ehemalige Nationalsozialisten, die zum Teil gerade erst aus sowjetischer Kriegsgefangenschaft entlassen waren, wiederum die Vergangenheitsbewältigung ein. Hierzu gehörte der aufsehenerregende Buchenwald-Prozeß gegen ehemalige KZ-Wächter. Bis 1969 beeinflußten diese Prozesse nicht nur die öffentliche Meinung in der Bundesrepublik, sondern der »Antifaschismus« wurde nunmehr auch stärker als zuvor von der Sowjetunion und der DDR im internationalen Propagandakampf gegen die Bundesrepublik Deutschland benutzt, um das westliche Bündnis zu stören.

Von 1969 bis 1974 machte sich die Reformeuphorie der sozialliberalen Koalition breit; die »antifaschistische«, gegen die Bundesrepublik gerichtete Propaganda nahm stark ab, ohne ganz zu verschwinden. Von 1974 bis 1982 spielte der »Antifaschismus« national wie international nur eine geringe Rolle, von 1982 bis 1985 häuften sich jedoch Angriffe gegen die sogenannte »Rechts-Regierung« aus CDU und FDP. Einen Höhepunkt erreichte die »antifaschistische« Propaganda aus Anlaß des vierzigsten Jahrestages des Kriegs-endes 1985. Bereits Anfang der achtziger Jahre hatten rechte und rechtsextreme Parteien erste, noch sehr bescheidene Wahlerfolge erzielen können.

Nach 1985 erreichte die Instrumentalisierung des »Antifa-schismus« im innenpolitischen Kampf einen vorläufigen Höhepunkt. Es kam zu offener Gewalttätigkeit; auch »antifa-schistisch« begründete Bündnisse von SPD, DGB, nicht orga-nisierten Linken mit Kommunisten, Anarchisten und links-extremen kriminellen Splittergruppen nahmen zu. Die Grün-dung der Republikaner 1983, die zwar bescheidene, aber spektakulär hochgespielte Wahlerfolge erzielen konnten, er-klärt dieses Verhalten ebenso wie ein weltweiter Wertewan-del, eine zunehmende Abkehr von den progressiven Illusio-nen der sechziger und siebziger Jahre. Die Neigung zur Gewalt aus politischen, aber auch unpolitischen Motiven wuchs und hatte ihre Auswirkung auf den Antifaschismus. Die Auseinandersetzung um die Nachrüstung und die Statio-nierung von Atomraketen förderte einen linken Neutralna-tionalismus, der in den eigenen Reihen mit dem »Antifa-schismus«-Argument bekämpft wurde.

Die Jahre zwischen 1989 und 1992 brachten mit dem Zu-sammenbruch des »real existierenden Sozialismus« einen er-heblichen Rückschlag für den organisierten Antifaschismus. Zum einen versiegten finanzielle Subventionen aus östlichen Quellen, zum anderen wurde die Identifizierung des DDR-Sozialismus mit dem »Antifaschismus« so deutlich, daß es selbst in linken, »antifaschistischen« Kreisen zu kritisch-distanzierten Äußerungen über die Berechtigung und Wirk-samkeit des Antifaschismus kam.

Ab 1992 erlebte die Antifa-Propaganda eine Renaissance wegen der ausländerfeindlichen Aktionen, die insbesondere anarchistisch-aktionistische linksextreme Gruppen auf den

Plan riefen. Die theoretische Dürftigkeit der anarchistischen Gruppen ließ den »Antifaschismus« als willkommenes Verständigungsmittel erscheinen, auf den man sich als den kleinsten gemeinsamen Nenner einigen konnte. Diese neue Spielart des Linksextremismus motiviert ihre Anhänger nicht mehr wie der marxistische Sozialismus mit Theorien, sondern durch Aktionen. Der Antifaschismus verleiht Gewaltaktionen und anderen schweren kriminellen Taten die Aura moralischer Unantastbarkeit. Zugleich zwingt er jede Gegenaktion, ja selbst kritische Äußerungen, sich als nicht faschistisch auszuweisen. Entsprechend lahm und hilflos war die Reaktion des politischen Establishments.

Es ist den Extremisten, insbesondere den Linken, gelungen, die angeblich »abwehrbereite« Demokratie als nur beschränkt abwehrfähig bloßzustellen. Es heißt, die Anzeichen, Bonn sei doch Weimar, die zweite deutsche Demokratie werde das Schicksal der ersten teilen, mehrten sich. Zwei gegensätzliche Positionen liegen hier im Streit. Die eine Seite behauptet in voller Überzeugung, die politischen Verhältnisse in Deutschland entwickelten sich nach rechts. Der »Faschismus« nehme zu. Bekämpft werde ausschließlich die Linke. Der Antikommunismus der frühen Nachkriegsjahre und der Extremistenbeschluß von 1972 bewiesen dies ebenso wie die Maßnahmen gegen den Linksterrorismus der siebziger Jahre. Auf der anderen Seite steht die Behauptung, die streitbare Demokratie habe sich als streitbar nur gegen rechtsextreme Gruppen erwiesen, weil 1992/93 ausschließlich solche verboten wurden. Der Linksextremismus hingegen werde salonfähig, besonders in Medien, Schulen und Universitäten. Die Rechte dagegen werde diffamiert und die Diskussion über ihre Thesen tabuisiert. Beide Behauptungen sind nicht ganz unrichtig. Die Polarisierung hat sich zugespitzt, die traditionelle deutsche Neigung, Politik als Weltanschauungskampf zu betreiben und den Gegner nicht als Konkurrenten, sondern als Vertreter des absolut Bösen hinzustellen, hat zugenommen. Insofern haben wir eine andere Republik mit einer anderen politischen Kultur als in der Gründungszeit von 1949.

Es ist angebracht zu fragen, ob aus dieser Einschätzung nicht die typisch deutsche Art spricht, temporäre Schwierigkeiten und Probleme für grundsätzliche Fehler des Systems zu halten. Niemand kann leugnen, daß unsere politische und soziale Ordnung recht gut funktioniert. Aber die Bruchstellen in der politischen Ordnung sind deutlich, und eine davon ist der »Antifaschismus«. Die Loyalität gegenüber der politischen Ordnung schwindet, sie wird lediglich durch das dicht geknüpfte soziale Netz, den subventionierten Wohlstand, garantiert. Die Anzeichen mehren sich, daß diese aufwendige Sozialordnung nicht mehr zu bezahlen ist. Damit entfällt die Basis der Systemloyalität, nicht schlagartig, aber in einem schleichenden Erosionsprozeß. Die Unzufriedenheit äußert sich auch in Gewaltaktionen, deren Ursachen nur zum Teil nationale Gründe haben. Mit dem Hinweis auf die »faschistische« Vergangenheit werden sie moralisch aufgewertet und die Aufgabe staatlicher Organe zur Aufrechterhaltung der Ordnung diffamiert.

Die Ersetzung der freiheitlich-demokratischen durch eine antifaschistisch-volksdemokratische Grundordnung ist zwar nach wie vor keine akute Gefahr, zeichnet sich aber als eine Möglichkeit ab. Auch die Weimarer Republik ist nicht an der Stärke ihrer Gegner, der extremen Rechten, zugrunde gegangen, sondern an der Schwäche und am fehlenden Selbstbewußtsein der Demokraten.

Grenzen des Antifaschismus –
Chancen des Antitotalitarismus

Der Antifaschismus hat durch den Zusammenbruch der DDR schweren Schaden erlitten. Deshalb schien es 1989 bis 1991, als verliere dieser politische Kampfbegriff an Bedeutung. Antifaschismus wurde durchaus zutreffend mit dem untergegangenen realsozialistischen System gleichgesetzt. Durch dessen Diskreditierung verlor der Kampf gegen den »Faschismus« seine Bindekraft für politische Bündnisse. Da die Kommunisten überdies die Führungsrolle bei Aktionen gegen »rechts« verloren hatten, büßte die »antifaschistische« Keule ihre magische Wirkung ein. Nun erlagen die »Antifaschisten« selber der Notwendigkeit, sich wegen ihrer Pakte mit dem verengend als »Stalinismus« etikettierten Sozialismus zu verteidigen. Im Herbst 1992 aber brachte die Welle ausländerfeindlicher Gewaltaktionen den »Antifaschisten« die wundersame Rettung. Jetzt hatte man die Chance, sich im Strome der allgemeinen Empörung über die Gewalttaten als der wahre Gegner des »Faschismus« zu rehabilitieren. Allerdings wurde seither mehr als je zuvor deutlich, daß vor allem im Kreise gewaltbereiter anarchistischer Gruppen ein emotionaler und aktionistischer Antifaschismus mit antikapitalistischer Stoßrichtung als ideologische Ultima ratio bleibt. Gleichzeitig gewinnen der Antirassismus, Antiimperialismus, Antigermanismus und »Antisexismus« Bedeutung als Ersatzmedien der Existenzrechtfertigung. Antifaschismus und Antirassismus richten sich sowohl gegen das »kapitalistische« System, das heißt gegen die parlamentarische Demokratie, als auch gegen einzelne Personen. Von geringerer

Bedeutung sind der Antisexismus und der Antiimperialismus, die mehr eine Bedeutung für die Binnenintegration haben. Sie fördern den Zusammenhalt linker Gruppen, bei denen der Feminismus und der Kampf gegen den Imperialismus der Selbstvergewisserung dient. Für Angriffe gegen einzelne Personen sind diese Begriffe weniger geeignet. Dies gilt auch für den Antimilitarismus, mit dem alles bekämpft wird, was nach Einordnung, Unterordnung, Disziplin aussieht.

Alle diese Kampfbegriffe finden ihre aktuelle Bedeutung in der Instrumentalisierung gegen die Ausländerfeindlichkeit. In einem Aufruf zur Blockade des Bundestages anläßlich der Asyldebatte vom 26. Mai 1993 heißt es: »Ausgehend von der Solidarität mit den Unterdrückten und Ausgebeuteten, mit den Verdammten dieser Erde, ausgehend von der Würde des Menschen und dem Streben nach einer Gesellschaft der Freien und Gleichen rufen wir alle auf, die dem faschistischen Terror Einhalt gebieten wollen, die wissen, die Gewalt richtet sich gegen alle, die hier frei, gleich und selbstbestimmt leben wollen, denen einfach Lippenbekenntnisse gegen rassistische Gewalt nicht ausreichen, gegen eine Selektion von Flüchtlingen nach kapitalistischen Verwertungsinteressen sind, die deutlich machen wollen, die AnstifterInnen sitzen in Bonn, die den zunehmenden Rassismus im Alltag unerträglich finden, die gegen eine imperialistische Großmacht Deutschland sind.«[210] Hier finden wir eine Mixtur aus Antifaschismus, Antirassismus, Antikapitalismus, Antiimperialismus, die den Umsturz der freiheitlich demokratischen Grundordnung pseudohumanitär rechtfertigen soll.

Die durch den Zusammenbruch der sozialistischen Systeme verunsicherte Linke sieht auf dem Gebiet der Migration, des Asyls und des Kampfes gegen Ausländerfeindschaft die Chance, die etablierten politischen Kräfte, die pauschal als »rechts« und »faschistisch« gelten, als inhuman zu denunzieren und in eine Verteidigungsposition zu drängen. Nachdem die Auflehnung gegen die Wiedervereinigung erfolglos geblieben ist, sollen durch die Propagierung der »multikulturellen Gesellschaft« antinationale Affekte geweckt werden. Damit verbunden ist die Hoffnung auf revolutionäre Veränderung. Jugendliche arbeitslose Ausländer, dem Heimatland entfremdet, in Deutschland nicht verwurzelt, bilden ein neues Proletariat. Hoffnungen auf die Revolutionierung der einheimischen »Arbeiterklasse« wurden enttäuscht. Die Freigabe der Zuwanderung und die Forderung nach Gleichstellung aller Zuwanderer kann durch ein neues Proletariat Unruhe schüren. Zugleich erlaubt die Sentimentalität, mit der man an das Problem der Migration und der Ausländer herangeht, eine neue Bündnispolitik. Sie macht die diskreditierte Linke wieder hoffähig. Nicht als Linke, aber als Humanisten werden sie in der Abwehr des rechten Feindes, der »Ausländerfeinde« akzeptiert. Es kommt zu einem Bündnis linksextremer »Autonomer« mit der PDS, Teilen der Gewerkschaften, Christen, Teilen der SPD, CDU, FDP. Sie nutzen eine humanitär-hedonistische Grundströmung aus, die alles scheinbar Schwache, Verfolgte, Benachteiligte, Behinderte, Bedrohte höher bewertet als das angeblich Harte, Disziplinierte, Regelhafte, an Gesetz und Ordnung gebundene, das als kalt, berechnend und letztlich inhuman und damit »faschistisch« denunziert wird.

Als Ergebnis bleibt:

1. Der »Antifaschismus« kennt nur selektive Freiheit. Seine Toleranz ist repressiv, da alles »Rechte« als potentiell »faschistisch« gilt.
2. Der »Antifaschismus« neigt dazu (und ist insofern ein

152

Spiegelbild des »Faschismus«), Politik als Glaubenssache zu betreiben und nicht als Technik zur Wirklichkeitsgestaltung zu handhaben. Deshalb werden politische Gegner als Feinde betrachtet und behandelt. In der politischen Auseinandersetzung wird die persönliche Diffamierung üblich, Gewaltanwendung wird moralisch gerechtfertigt.

3. Der »Antifaschismus« behält seine Bedeutung in der innerpolitischen Auseinandersetzung und für die politische Kultur Deutschlands. Nach wie vor dient er als Kampf- und Erpressungsmittel. Er fördert die innenpolitische Polarisierung. Die Entwicklung verläuft weg von der »Gemeinsamkeit der Demokraten«, die sich unter dem Eindruck des Nationalsozialismus und der Etablierung des kommunistischen Systems in der Sowjetischen Besatzungszone und in Osteuropa 1945 bis 1948 herausbildete und auf antitotalitärer Basis das politische Klima zwanzig Jahre lang prägte. Jetzt beobachten wir eine Neuformierung: Auf der einen Seite die CDU/CSU, verbunden mit der FDP und anderen konservativen und rechten Gruppierungen. Auf der anderen Seite die SPD, Grüne und organisatorisch ungebundene Linke (Intellektuelle, Christen, anarchistoide Kreise), deren moralische Basis der »Antifaschismus« ist. Die VVN und PDS sind diesem Spektrum zuzurechnen. Hier handelt es sich um einen theoretisch nicht fundierten »Antifaschismus«, der diese Bezeichnung deswegen verdient, weil eine unklare antikapitalistische Tendenz vorhanden ist. Die Trennlinie zum Antinationalsozialismus, der moralisch argumentiert, aber keine sozio-ökonomischen und -strukturellen Veränderungen will, ist nicht eindeutig.

4. Gerade die Herausstellung kommunistischer Massenverbrechen (Katyn, Internierungslager in der SBZ/DDR, Praktiken des Ministeriums für Staatssicherheit) legen nahe,

die Auseinandersetzung um die »Einmaligkeit nationalsozialistischer Verbrechen« wieder zu beleben, die auch
ein zentrales Thema des »Historikerstreits'«« vorgab. Die
Aufdeckung kommunistischer Untaten könnte eine »Relativierung« nationalsozialistischer Untaten bewirken,
die eben nicht als einmalig und unvergleichbar erscheinen. Das führt zur Forcierung »antifaschistischer« Propaganda. Die Erfolge rechter und rechtsextremer Gruppen
geben dem »Antifaschismus« zusätzliche Schubkraft.

Wir haben uns in den vergangenen vier Jahrzehnten an
Werte und Strukturen gewöhnt und verdrängen, daß sich
alles wandelt. Der Historikerstreit hat uns gelehrt, daß die
Weltbilder sich verändern müssen, denn ohne stetige Überprüfung und Revision der gängigen Erkenntnisse gäbe es
keinen Fortschritt, herrschte Stagnation. Der Historikerstreit hat aber auch gezeigt, daß viele, die sich für progressiv halten, Furcht vor einem Wandel der Wertungen und
Maßstäbe von 1945 haben. Deshalb ist es eine wichtige
Aufgabe, sich immer wieder vor Augen zu halten, daß Begriffe, Werte, Strukturen auf ihre zeitgemäße Bedeutung
überprüft werden müssen. »Zeitgemäß« heißt nicht »mo-
disch«, sondern bezeichnet die Fähigkeit zur Lösung der
Gegenwartsprobleme. Wer ökonomische, gesellschaftliche
und politische Erschütterungen vermeiden will, muß sich
darum bemühen, die Verhältnisse und das Denken in Übereinstimmung zu bringen.

Generell kann man sagen, daß der »Antifaschismus«
zwar keinen Erfolg, aber Wirkung gehabt hat. Das gilt für
die Versuche des Ostens, die Bundesrepublik international
zu isolieren, nicht zuletzt auch für das gescheiterte Vorhaben der DDR, ihre staatliche Existenz »antifaschistisch« zu
legitimieren. Eine positive Wirkung auf die politische Kul-

tur der Bundesrepublik liegt in der Sensibilisierung für die NS-Vergangenheit. Ohne den Druck der internationalen Kampagnen wäre es weder zur strafrechtlichen noch zur geistigen Aufarbeitung der Vergangenheit gekommen. Andererseits aber wurde die politische Polarisierung verschärft. Die in Deutschland ohnehin traditionelle Neigung, Politik als Weltanschauungskampf zu betreiben, wurde durch den »Antifaschismus« (pseudo-)moralisch gestützt. Somit hat diese Art der Vergangenheitsbewältigung wegen des manipulativen Mißbrauchs nicht reinigend gewirkt.

Welche Ratschläge für den Umgang mit dem »Antifaschismus« und seinen Anhängern lassen sich aus unserer Untersuchung ableiten? Ein wichtiges Mittel ist die Brechung des Tabus, mit dem der »Antifaschismus« gegen Kritik immunisiert werden soll. Pseudomoralisch wird unterstellt, daß Kritik am »Antifaschismus« eine Rechtfertigung des »Faschismus« sei. Ein zentrales Problem ist indes, jenes ideelle Vakuum zu füllen, das ein Kennzeichen gegenwärtigen Zeitgeistes ist. Mangels positiver Ziele beschränkt man sich auf Mobilisierung durch Feindbilder. Wer nicht weiß, was er will und wollen soll, weiß wenigstens, was er ablehnt und bekämpft. Hinter dieser Haltung steht eine fundamentale existentielle Sinn- und Orientierungslosigkeit.

In einer wenig bekannten Zweimonatsschrift, die sich als Forum des Zeitgeistes versteht, hat ein 1964 geborener Autor diese Mentalität in einer Selbstdarstellung vorgeführt: »Der einzige Glaube, den ich jemals hatte, und der mich bis heute nicht verlassen hat, ist der, daß es mit der Welt unaufhaltsam den Bach hinuntergeht.« Er erklärt sich für unfähig, zu irgendeinem aktuellen Problem einen sinnvollen Standpunkt zu finden und stellt für sich und seine Generation einen lähmenden Fatalismus fest, der alle Aktivitäten niederdrückt. Es gibt keine Schuldigen und keine Gegner. Ein Ausweg wird in der Wendung zur Kunst und Literatur und in der Flucht aus der Politik gesehen.[211]

Nicht alle Zeitgenossen, die sich diese Diagnose zueigen machen, sehen die Flucht aus der Politik als therapeutische Möglichkeit. Indem man sich eines Feindbildes vergewissert, gewinnt man nur scheinbare Sicherheit und nur eine Pseudoorientierung. Wunsch und Wille, aktiv zu werden, führen nicht zu einer positiven Vision, sondern zum Kampf gegen das Bedrohliche. Ob man nun gegen Interkontinentalraketen, Atomkraftwerke, die chemische Industrie, die Startbahn West, den Autobahnausbau oder gegen Faschismus, Kapitalismus, Rassismus, Imperialismus oder Sexismus ist, bleibt letzten Endes gleich. Alles richtet sich gegen die bestehenden Verhältnisse und verbindet mit denen, die ähnlich fühlen und sich in der Ablehnung der etablierten Ordnung einig sind.

Überwindung des »Antifaschismus« bedeutet, ihn aus seiner Funktion als Pseudowelterklärung herauszulösen. Deshalb muß man den manipulativen Charakter des Antifaschismus ins öffentliche Bewußtsein heben. Versuche, die politische Ordnung zu destabilisieren, werden nur dann Erfolg haben, wenn sich in der Bevölkerung das Gefühl der Vergeblichkeit und existentiellen Bedrohung breitmacht. Deshalb ist es die zentrale Aufgabe heutiger Politik, die Rechtsstaatlichkeit und das soziale Netz zu sichern und damit ein Grundgefühl der Geborgenheit zu vermitteln. Eine konsequente und entschiedene Politik, die diese Ziele erstrebt, könnte der Bevölkerung jene Orientierung bieten, die sie von Meinungsverführern trennt. In Zeiten des Wandels moralischer Werte fällt dies auch der politischen Führung schwer, bedarf sie doch selber der Orientierung.

Der »Antifaschismus« ist eine Erscheinung der Ratlosigkeit unserer Zeit. Es handelt sich um ein Krisensymptom mit negativen Auswirkungen. Er kann nicht isoliert von der geistig-moralischen Krise verstanden und überwunden werden. Wer diese Erklärung für wenig hilfreich hält, möge bedenken, daß schon einiges bewirkt wird, wenn der »antifaschistische« Anspruch, ein Heilmittel für die Probleme unserer Zeit zu sein, als gefährliche Täuschung erwiesen ist.

Durch Analyse werden Wurzeln, Zusammenhänge, Instrumentalisierung und Gehalt des »Antifaschismus« klar. Damit ist die Chance eröffnet, seinen Einfluß aufzuheben. Ungelöst bleibt der größere Zusammenhang, nämlich Orientierungslosigkeit und Wertewandel unserer Zeit. Hier sollte deutlich gemacht werden, daß der Antifaschismus ein geistig-moralischer Grundwert der Bundesrepublik ist, der keineswegs nur positiv zur Bewältigung der Vergangenheit beitrug, sondern zunehmend desintegrierend wirkt. Die Gemeinsamkeit der politisch-intellektuellen Eliten der Gründungszeit der Bundesrepublik hat sich unter der Einwirkung antifaschistischer Vorstellungen aufgelöst.

Der Antitotalitarismus, der sich gegen den linken und den rechten Extremismus gleichermaßen wendet, will – anders als der Antifaschismus – den Weltanschauungskampf in der Politik überwinden. Der Antitotalitarismus stellt Freiheit und Rechtsstaatlichkeit mit kämpferischer Entschiedenheit gegen die Emotionalisierung in der Politik. Deswegen ist er der Aufklärung, der Rationalität verpflichtet.

Es ist zweifelhaft, ob eine solche abgewogene und abwägende Stellung gegen jeglichen Totalitätsanspruch auf opportunistische Politiker Eindruck macht. Daß kein dogmatischer Ideologe dadurch überzeugt wird, darf als sicher gelten. Dennoch soll ausgesprochen sein, daß nur auf dem Wege eines entschiedenen Kampfes gegen die Feinde der offenen Gesellschaft – und das sind alle Anhänger totalitärer Lösungen – die deutlich schwindende Bereitschaft, sich mit der politischen Ordnung westlicher Demokratien, insbesondere mit der historisch vielfältig vorbelasteten westdeutschen zu identifizieren, wiedergewonnen werden kann. Ein Ausdruck typisch bürgerlicher Dümmlichkeit ist es, wenn argumentiert wird, man müsse nach den Erfahrungen der Geschichte gegen den »Faschismus« sein. Man muß vielmehr gegen jeglichen Totalitarismus eintreten, man muß jeden, der »antifaschistische« Sprüche klopft, zunächst einmal fragen: Wie hältst du es aber mit dem Linksextremismus? Man darf sich erst dann mit ihm auf ein Bündnis einlassen, wenn er sich *nicht* als einseitigen »Antifaschisten« bekennt.

Warum ist das Eintreten für eine streitbare Demokratie notwendig? Nicht, weil Demokratie ein zweckfreier Wert wäre oder weil seit 1945 durch den Zwang der Verhältnisse den Deutschen gar nichts anderes übrig geblieben ist, sondern weil heute ein Rechtsstaat – die größte Errungenschaft abendländischer Kultur – nur mit demokratischer Kontrolle und auch mit einer verantwortungsbewußten öffentlichen Meinung möglich ist. Es gilt, den gefährdeten Rechtsstaat und die Rechtsstaatlichkeit kämpferisch zu vertreten und repressive Toleranz zu üben. Der einseitige »Antifaschismus« muß nicht toleriert, er muß zugunsten des Antitotalitarismus bekämpft werden. Ein Demokrat, der behauptet, er sei nur »Antifaschist«, aber nicht antitotalitär eingestellt, ist kein Demokrat im Sinne der freiheitlich-demokratischen Grundordnung.

Das politische Klima in der Bundesrepublik ist widersprüchlich. Auf der einen Seite sehen wir unbestreitbar Verfall, Feigheit, Konzeptionslosigkeit, Werteunsicherheit, auf der anderen Seite aber auch ermutigende Zeichen demokratischer Stabilität. Angesichts dieser Situation ist es wichtig, aus der Defensive herauszutreten, Selbstbewußtsein zu zeigen, das sich in der offensiven Bekämpfung aller Destabilisierungsversuche ausdrückt. Dazu gehört die Entlarvung des einseitigen Antifaschismus als eines Mittels, die freiheitlich-demokratische Grundordnung durch ein sozialistisches System zu ersetzen. Dieser politischen Manipulation offensiv entgegenzutreten ist eine der wichtigsten politischen Aufgaben unserer Zeit.

Anmerkungen

1 Hans Nawiasky hat den Begriff geprägt. (Im Hinblick auf Art. 1 und 20 in Verbindung mit Art. 79 GG hat er von einer »Staatsfundamentalnorm« gesprochen. Ders., Die Grundgedanken des Grundgesetzes für die Bundesrepublik Deutschland. Stuttgart 1950, S. 122 u. ö.).

2 Klaus Hildebrand, Das Dritte Reich. München 1979, S. 134 ff.

3 Hans-Helmuth Knütter, Internationale Antifaschismuskampagnen und ihre Rückwirkung auf die Bundesrepublik Deutschland. In: Bundesminister des Inneren (Hrsg.), Bedeutung und Funktion des Antifaschismus. Bonn 1990, S. 85 ff.

4 Hans-Werner Richter, Im Etablissement der Schmetterlinge. 21 Porträts aus der Gruppe 47. München 1986. Vgl. auch: *Die politische Meinung*, H. 226, Mai/Juni 1986, S. 98 f.

5 Als Beispiel möge das »antifaschistische Café« in der Ludolf-Camphausen-Straße 36 in Köln dienen, das Ende 1989 eingerichtet wurde.

6 Helmut Ernst, . . . damit die 58jährige Odyssee endlich ein Ende findet. In: *Neues Deutschland*, 23. 8. 1990.

7 Kurt Finker, Die Bombe lag in Potsdam. In: *PDS Info. Extrablatt für Bonn* (Juli 1990). Finker war Historiker an der PH »Karl Liebknecht« in Potsdam.

8 Klaus Kinner, Thälmann – Deutschlands unsterblicher Sohn oder der harte Mann Stalins in der KPD? In: *Berliner Zeitung*, 24. 8. 1990, S. 13.

9 Hans Coppi, Die lebendige Kraft des Antifaschismus. In: *Junge Welt*, 22. 2. 1990.

10 Die Existenz dieser Lager ist zwar prinzipiell im Westen bekannt gewesen, wurde aber auch dort äußerst zurückhaltend betrachtet. Siehe hierzu Gerhard Finn, Die politischen Häftlinge der Sowjetzone 1945–1959. Pfaffenhofen 1960 (Reprint Köln 1989).

11 Aufgezählt sind diese Gruppen in dem Artikel »Unser Land braucht eine breite Einheitsfront gegen rechts«. In: *Neues Deutschland*, 4. 1. 1990, S. 1.

12 Alle Zitate ebd.

13 Zitiert in dem Artikel »Neonazistische Aktivitäten nehmen zu«. In: *FAZ*, 29. 12. 1989.

14 Monika Zimmermann, Die neuen Töne erinnern wieder an alte Zeiten. Eine Demonstration gegen Faschismus am Treptower Ehrenmal. In: *FAZ*, 5. 1. 1990.

15 Wolfgang Schneider; Leipziger Demontagebuch. Leipzig/Weimar 1990, S. 140 f.

16 Klaus Hartung, Antifaschismus und Wahlkampf. Der bequeme Ausweg der SED. In: *taz*, 30. 1. 1990.

17 In diesem Sinne Jürgen Leinemann, Verkrüppelt und gezeichnet. In: *Der Spiegel*, 22. 1. 1990, S. 76; und: Betrugsversuch. In: *FAZ*, 30. 12. 1989.

18 Roger Reisch, Eine Offensive des Humanismus. In: *Junge Welt*, Nr. 3, 4. 1. 1990.

19 Wer schützt uns vor Nazis? In: *Junge Welt*, Nr. 3, 4. 1. 1990, Im *Neuen Deutschland* vom 4. 1. 1990, S. 8, wird ausdrücklich bedauert, daß die Ehrenmalschänder noch unerkannt seien, weil die Ermittlungen erheblich erschwert werden, da im ehemaligen Amt für Nationale Sicherheit Erkenntnisse zu verfassungsfeindlichen Organisationen, die grenzüberschreitend wirken (soll wohl heißen aus Westdeutschland und West-Berlin), versiegelt lagern, jedoch dringend für die Ermittlungen benötigt werden. (Überschrift des Artikels: Ehrenmalschänder noch unbekannt – nationalsozialistische Plakate aus der BRD gefunden, a. a. O.)

20 Aufruf zur Gründung einer Organisation der Antifaschisten der DDR. In: *AntiFa*, H. 4/1990, S. 1. Die Gründung des »Bundes der Antifaschisten der DDR – antiFA« fand am 12. und 13. 5. 1990 in der ehemaligen FDJ-Hochschule am Bogensee statt. (Vgl. Hans-Joachim Bloch, Aspekte des Antifaschismuskampfes der orthodoxen Kommunisten. In: Bundesminister des Inneren (Hrsg.), Bedeutung und Funktion des Antifaschismus. Bonn 1990, S. 51; die Angaben sind zum Teil überholt).

21 Manfred Gerlach, Standortbestimmung (hrsg. vom Sekretariat des Zentralvorstandes der Liberaldemokratischen Partei Deutschlands). (Ost)-Berlin 1989, S. 2 f. (Rede vom 19. 9. 1989: 40 Jahre DDR – historische Kontinuität und demokratische Erneuerung).

22 Ebd., S. 12 f. (Rede vom 13. 9. 1989: Carl von Ossietzky – Demokrat, Märtyrer, Mahner).

23 Schneider, Demontagebuch (wie Anm. 15), S. 13.

24 Fotokopie des Flugblattes des Demokratischen Aufbruchs (»Flugblatt für die Demokratie«), Oktober 1989.

25 Rolf Schneider, Tricks und nette Leute. In: *Der Spiegel*, 8. 1. 1990, S. 26.

26 Im *Neuen Deutschland* vom 23. 8. 1990 (Fünf-Prozent-Klausel war nicht zu verhindern) wird gegen einen Angriff seitens der DSU in der Volkskammer argumentiert, in dem die SED mit dem Nationalsozialismus verglichen wurde. Gregor Gysi habe sich dagegen gewendet,

weil die Opfer des Faschismus damit verhöhnt würden. Es gehe offenbar darum, die PDS zu kriminalisieren.

27 Walter Janka, Schwierigkeiten mit der Wahrheit. Reinbek 1989.
28 Hans Coppi, Abschied und Neubeginn. Schwierigkeiten mit dem Antifaschismus in der DDR. In: *Studien von Zeitfragen*, H. 3/1990, S. 15 f.
29 Frank Fiedler, Offener Brief an meinen Freund. In: *AntiFa*, H. 3/1990, S. 1.
30 Zur Problematik sozialistischer Perspektiven von Reformen in der DDR. Konferenzreader, 1. DDR-weites Arbeitstreffen der Initiative Vereinigte Linke, 25./26. 11. 1989, S. 19. (Der Text stammt vom März 1989 und wurde im Dezember 1989 geringfügig überarbeitet.)
31 Wolfgang Schneider, Oktoberrevolution 1989. Ders., Demontagebuch (wie Anm. 15), S. 5 und 7.
32 Manfred Wilke, Statt der Arbeiterklasse die sozialen Bewegungen. Die »Partei des Demokratischen Sozialismus (PDS)« und ihre Ziele. In: *FAZ,* 30. 10. 1990, S. 14. Ferner: Aufruf zur Gründung der West-Berliner PDS. In: *FAZ*, 4. 7. 1990.
33 Zur Geschichte der VVN siehe Andreas Zehnter, Antifaschismus im politischen Tageskampf. Die Bedeutung der VVN – Bund der Antifaschisten für die kommunistische Bündnispolitik. In: Hans-Helmuth Knütter (Hrsg.), Antifaschismus als innen- und außenpolitisches Kampfmittel. Bornheim 1991, S. 24 ff.
34 P. C. Walther, Alte Politik in neuen Schläuchen? Die Existenz der VVN bleibt gefährdet. In: *Ideen* 1/90, S. 36 ff. *Ideen* ist eine Zeitschrift »für antifaschistische und antirassistische Arbeit«. In der Redaktion arbeitet unter anderem Kurt Faller mit, der führende Positionen in der VVN Westdeutschlands besetzt hatte.
35 Wie Anm. 20.
36 Antifaschismus und Stalinismus. In: *AntiFa*, Nr. 7/1990, S. 5.
37 Verfassungsschutzbericht 1990, S. 39.
38 Ebd., S. 40.
39 Ebd., S. 33.
40 Bundesamt für Verfassungsschutz, Aspekte der Antifaschismusarbeit der neuen Linken. In: *Das junge Wort*, 1. 9. 1990, S. 17.
41 Verfassungsschutzbericht 1990, S. 33.
42 Asylpolitik. Eine Frage des politischen Willens (A. Lederer in der 113. Sitzung des Bundestages am 15. 10. 1992). In: *Rheinblick. Nachrichten aus der Abgeordnetengruppe PDS/Linke Liste im Bundestag*, Nr. 7/1992, S. 2; ferner: Schluß mit der verantwortungslosen Politik. In: *Pressedienst PDS/Linke Liste im Bundestag*, Nr. 535, 24. 8. 1992, und: Ulla Jelpke, Aber nicht die Faschisten sind für Seiters das Sicherheitsrisiko. In: *Neues Deutschland*, 8. 10. 1992.

43 Militanter »Antifaschismus im Aufwind«. In: *Innere Sicherheit*, Nr. 1, 28. 2. 1992.

44 Verfassungsschutzbericht 1990, S. 42.

45 Antifaschistisches Jugendinfo Bonn/Rhein-Sieg, Frühjahr 1992, S. 6.

46 Ebd., S. 15.

47 Militanter Antifaschismus im Aufwind. In: *Innere Sicherheit*, Nr. 1, 28. 2. 1992, S. 2.

48 Dieter Betz, Der Staat macht mobil gegen AntifaschistInnen. In: *Neues Deutschland*, 10. 7. 1992.

49 Bernhard Rabert, Terrorismus und Antifaschismus. Der Mißbrauch des Faschismusvorwurfs durch die deutschen Linksterroristen 1970–1986. In: Knütter (Wie Anm. 33), S. 77 – 115.

50 Zitiert nach: Deutscher Informationsdienst (did), Nr. 1712, Oktober 1990, S. 4 ff.

51 Zitiert nach: *Antifa-Info* Nr. 18, Mai/Juni 1992, S. 24 ff. In dem Artikel »Der Feind steht immer links« versucht die Antifa-Jugendfront (AJF) ihr Vorgehen zu rechtfertigen und bezeichnet die Berichterstattung über antifaschistische Gewaltaktionen der »bürgerlichen Zeitungen« als Hetzberichte zur Kriminalisierung der autonomen Antifa. Der interne Bericht des LfV-Berlin wird ebenfalls zitiert und ist der AJF angeblich zugespielt worden.

52 Eckhard Fuhr, Deutschtümelei. In: *FAZ*, 10. 10. 1990.

53 Arno Klönne, Rechtsextremismus – kein Thema mehr. In: *Ideen* 1/1990, S. 12.

54 Ralph Giordano, Die zweite Schuld. Hamburg 1991, S. 227 f. Die These vom verordneten Antifaschismus wird auch von Wilfried Schubarth u. a., Verordneter Antifaschismus und die Folgen. Das Dilemma antifaschistischer Erziehung am Ende der DDR. In: *Aus Politik und Zeitgeschichte*, 9/91, 22. 2. 1991, vertreten. Ein stark verkürzter Abdruck dieses Aufsatzes befindet sich unter dem Titel: Sieger der Geschichte. Verordneter Antifaschismus und die Folgen in: Karl-Heinz Heinemann/Wilfried Schubarth (Hrsg.), Der antifaschistische Staat entläßt seine Kinder. Jugend und Rechtsextremismus in Ostdeutschland. Köln 1992, S. 12–28.

55 Klönne (wie Anm. 53), S. 13.

56 Frieder O. Wolf, Projekt Antifaschismus. In: *Ideen* 1/1990, S. 22.

57 Zitiert nach Klaus W. Wippermann, Deutsche Intellektuelle. Virtuosen der Selbsttäuschung. In: *Mut*, Nr. 294, Februar 1992, S. 12.

58 Zur Abgrenzung der kulturtragenden Intelligenz von der technisch-organisatorischen Intelligenz vgl. Alfred von Martin, Abriß einer Soziologie der Intelligenz. In: Ders., Ordnung und Freiheit, Frankfurt/M. 1956, S. 249.

59 Diese Deutung Helmut Schelskys nach Manfred Koch-Hillebrecht, Der Stoff, aus dem die Dummheit ist. München 1978, S. 216.

60 Willem Melching, A new morality: Left wing intellectuals on sexuality in Weimar Germany. In: *Journal of contemporary history*, Vol. 25, 1990.

61 Johann Albrecht von Rantzau, Deutschland und die hedonistische Glückseligkeit. In: *Welt als Geschichte*, H. 3/4, 1962, S. 112.

62 Peter Sloterdijk, Kritik der zynischen Vernunft. Bd. 2, Frankfurt/M. 1983, S. 711.

63 Bernhard Blanke/Reimut Reiche/Jürgen Werth, Die Faschismustheorie der DDR. In: *Das Argument*, H. 33/1965, S. 33–55, hier S. 48.

64 Manfred Hahn, Faschismus in verändertem Aufzug. In: *Das Argument*, H. 48/1968, S. 307.

65 Wolfgang Fritz Haug, Der hilflose Antifaschismus, Frankfurt/M. 1968, S. 148.

66 Ebd., S. 149.

67 Georg Wilhelm Friedrich Hegel, Brief an Niethammer vom 26. 10. 1808, zitiert nach: Alexander Rüstow, Ortsbestimmung der Gegenwart. Bd. 1, Erlenbach-Zürich 1950, S. 14.

68 Zitiert nach: DDR-Justiz geht hart gegen das »Rowdytum« von Skinheads vor. In: *Frankfurter Rundschau*, 13. 5. 1988, S. 1.

69 Untersuchungsausschuß freiheitlicher Juristen: Ehemalige Nationalsozialisten in Pankows Diensten. Berlin 1958 und öfter. Olaf Kappelt, Braunbuch DDR. Nazis in der DDR. Berlin 1981.

70 Bereits zur Zeit des Ungarn-Aufstandes 1956 hat es rechtsextreme Aktivitäten Jugendlicher gegeben, die mit hohen Zuchthausstrafen geahndet wurden.

71 Wilfried Schubarth/Ronald Pschierer/Thomas Schmidt, Verordneter Antifaschismus und die Folgen. In: *Aus Politik und Zeitgeschichte*, Nr. 9, 22. 2. 1991, S. 9.

72 Ebd., S. 12 f.

73 Hintergründe einer wachsenden Gefahr. Neofaschisten und Rechtsradikale – wer sie sind und wie sie auftraten. In: *Neues Deutschland* (undatierter Ausschnitt, Anfang Januar 1990).

74 Ebd.

75 Wolfgang Brück, Die Stunde der Rechten in der DDR? (Interview). In: *Neues Deutschland*, 16./17. 12. 1989, S. 7.

76 In ernster Sorge vor Gefahr von rechts. In: *Neues Deutschland*, 28. 12. 1989, S. 1.

77 Offene Grenzen – freie Bahn? Kommen jezt die Neonazis auf uns zu? Gespräch mit Oberst Wolfgang Pauleit. In: *Neues Deutschland*, 26. 11. 1989, S. 9.

78 Gebot der Stunde für alle Demokraten. Gemeinsam gegen Gefahr von rechts. In: *Nationalzeitung*, 29. 12. 1989.

79 Benno Fischer, DDR-Rechtsextremismus als Vorbote der Systemkrise. In: *Neue Gesellschaft/Frankfurter Hefte* 37, 1990, H. 4, S. 332.

80 Nach: Verfassungsschutzbericht 1990 (Abschnitt »Rechtsextremistische Bestrebungen 1990«, Kap. VII). Die Angaben sind sehr allgemein gehalten.

81 Zitiert nach: »Die schlagen schneller zu«. In den neuen Bundesländern haben gewalttätige Neonazi-Gruppen massenhaft Zulauf. In: *Der Spiegel*, 27. 5. 1991, S. 80.

82 Martin Stadelmaier, Hoffen auf »Mitteldeutschland« – die Perspektive der extrem Rechten in Deutschland. In: *Gewerkschaftliche Monatshefte* 41, 1990, H. 9, S. 583.

83 Hier zitiert nach einer Übersetzung von Wolfgang Grycz in: Informationsdienst des Katholischen Arbeitskreises für zeitgeschichtliche Fragen e. V., Nr. 157, 1989, S. 9–18, hier S. 16. (Der Artikel erschien in *Polityka*, 15. 4. 1989.)

84 R. Gelbhaar/R. Kokoschko, Ursachen und Formen rechtsextremistischer und neofaschistischer Erscheinungen in der DDR. In: *AntiFa*, 16, 1990, H. 4, S. 11.

85 *Mecklenburger Kirchenzeitung* 6/1989, 5. 2. 1989, hier zitiert nach Waltraud Arenz, Skinheads in der DDR. Gesamtdeutsches Institut, Analysen und Berichte. 8, 1989, Bonn 10. 7. 1989, S. 20; auch S. 24 u. 27.

86 So in: Eine Gefahr von rechts. In: *Der Spiegel*, 8. 1. 1990, S. 20.

87 Konrad Weiß, Die neue alte Gefahr (1989, vor der Wende), zitiert nach: Ulrike Buchmann, Die Feigen von gestern sind die Radikalen von heute. Über Erscheinungen und Ursachen von Radikalismus und Neofaschismus in der DDR. In: *Nationalzeitung* (Beilage), 20./21. 1. 1990, S. 4 f.

88 Christoph Butterwegge, Rechtsextremismus im vereinten Deutschland: In: *Studien von Zeitfragen*, 4/5, 1990, S. 7.

89 Zitiert nach Arenz (wie Anm. 85), S. 18, 20, 24.

90 Buchmann (wie Anm. 87). Ganz ähnlich Sybille Nitsche, »Der Teufel hat ein Durchschnittsgesicht.« Über die psychologischen Ursachen des Rechtsextremismus. In: *Berliner Allgemeine*, 3. 4. 1990, S. 3. (Der Artikel stützt sich auf Angaben von Dr. Lothar Sprung, Psychologe an der Humboldt-Universität, Berlin.)

91 Butterwegge (wie Anm. 88), S. 9.

92 Wilfried Schubarth u.a. (wie Anm. 71).

93 Vgl. Ursula Gorges, Bündnis gegen Neofaschismus und Rassismus zerrüttet. In: *Ideen* 1/90, S. 66 f. und S. 68–75.

94 Alle Zitate nach: *Militante Autonome*, hrsg. vom Bundesamt für Verfassungsschutz, Stand 10. 11. 1992.

95 50 Jahre deutsche Kriege. In: *Die Welt*, 12. 3. 1963.

96 Hans-Helmuth Knütter, Deutschfeindlichkeit gestern, heute und morgen . . .? Asendorf 1991, S. 132 ff., insbesondere S. 136.

97 Dirk Käsler, Die deutsche Revolution 1989: Erlebt in Florida. In: Günter Trautmann (Hrsg.), Die häßlichen Deutschen? Deutschland im Spiegel der westlichen und östlichen Nachbarn. Darmstadt 1991, S. 286.

98 Erich Kuby, Der Preis der Einheit. Ein deutsches Europa formt sein Gesicht. Hamburg 1990.

99 Rainer Zitelmann, Wiedervereinigung und deutscher Selbsthaß. In: *Deutschlandarchiv* 25/1992, H. 8, S. 811 ff., mit zahlreichen Zitaten (der Aufsatz ist auch abgedruckt in: Werner Weidenfeld und Karl Rudolf Korte (Hrsg.), Deutschland. Eine Nation – doppelte Geschichte. Materialien zum deutschen Selbstverständnis. Köln 1992).

100 Brigitte und Anton Landgraf, Was tun? Was nicht tun? – Was ist? In: *Neues Deutschland*, 14. 6. 1993, S. 10.

101 Regina Behrendt, Was tun? Was ist? In: *Berliner Linke* (LV Berlin der PDS), Nr. 24/1993, S. 10.

102 Dietrich Eichholz (Hrsg.), Faschismusforschung. Positionen, Probleme, Polemik. (Ost-)Berlin 1980, S. 16.

103 Walter Ulbricht, Der faschistische deutsche Imperialismus (1933–1945). (Ost-)Berlin 1956, S. 110.

104 Walter Ulbricht, Zur Geschichte der neuesten Zeit. Bd. I, 1. Halbband. (Ost-)Berlin 1955, S. 48.

105 Wolfgang Leonhard, Die Revolution entläßt ihre Kinder. Köln 1955, S. 244.

106 Kurzbiographie in: Hermann Weber, Kleine Geschichte der DDR. Köln 1988, S. 218.

107 Leonhard (wie Anm. 105), S. 433.

108 Hans-Adolf Jacobsen, Der Zweite Weltkrieg. Grundzüge der Politik und Strategie in Dokumenten. Frankfurt/M. 1965, S. 46.

109 Ulbricht (wie Anm. 104), S. 98 f.

110 Ebd., S. 62.

111 Leonhard (wie Anm. 105), S. 337 ff.

112 Ulbricht (wie Anm. 104), S. 62 f.

113 Leonhard (wie Anm. 105), S. 337.

114 Ebd., S. 343 f.

115 Heinz Heitzer u. a. (Hrsg.), DDR – Werden und Wachsen. Zur Geschichte der Deutschen Demokratischen Republik. Frankfurt/M. 1975, S. 23.

116 Rolf Badstübner, Restaurationsapologie und Fortschrittsverteufelung. Frankfurt/M. 1987, S. 91.

117 Hagen Rudolph, Die verpaßten Chancen. Die vergessene Geschichte der Bundesrepublik. Hamburg 1979, S. 55.

118 Kleines politisches Wörterbuch, (Ost-)Berlin, 1988. In den früheren Auflagen heißt der Artikel »antifaschistisch-demokratische Ordnung« und enthält gegenüber dieser Auflage erhebliche Textabweichungen, die jedoch die Tendenz nicht berühren.

119 Hermann Weber, Der deutsche Kommunismus. Dokumente. Köln/Berlin 1963, S. 435.

120 Franz Dahlem, Wer kann Mitglied der KPD werden? *Deutsche Volkszeitung* (Zentralorgan der KPD), 27. Juli 1945.

121 Walter Ulbricht, Zur Geschichte der deutschen Arbeiterbewegung. Bd. II, 2. Zusatzband. Berlin 1968, S. 205. Siehe auch *Neues Deutschland*, 17. 4. 1965, Brief von Ulbricht an Pieck 1945.

122 Weber (wie Anm. 106), S. 22.

123 Siehe zu dieser Problematik etwa Karl-Wilhelm Fricke, Politik und Justiz in der DDR. Zur Geschichte der politischen Verfolgung 1945–1968. Köln 1979 und Finn (wie Anm. 10).

124 Zitiert nach: *Deutsche Volkszeitung*, 22. 12. 1945 (Führungswechsel in der CDU).

125 Ebd.

126 Otto Schröder, Der Kampf der KPD in der Vorbereitung und Durchführung des Volksentscheides in Sachsen, Februar bis 30. Juni 1946. (Ost-)Berlin 1961.

127 Interner Aktenvermerk aus dem SED-Parteivorstand über die Gründung der NDPD, Juni 1948. In: Hermann Weber (Hrsg.), DDR. Dokumente zur Geschichte der Deutschen Demokratischen Republik. München 1980, Nr. 57.

128 Ulbricht (wie Anm. 104), S. 179 f.

129 Walter Ulbricht: Zur Geschichte der deutschen Arbeiterbewegung. Bd. III, 1946–1950. (Ost-)Berlin 1955, S. 43.

130 Ulbricht (wie Anm. 104), S. 181 ff.

131 Ebd., S. 74.

132 Ebd., S. 75.

133 Rolf Badstübner, Entstehung und Entwicklung der BRD. Restauration und Spaltung 1945–1955. Köln 1979, S. 49 f. (In der ersten Auflage von 1975 stehen Titel und Untertitel in umgekehrter Reihenfolge.)

134 Ebd., S. 50 f.

135 Ebd., S. 51.

136 Gründungsaufruf der CDU in Berlin vom 26. 6. 1945; siehe Johann

Baptist Gradl, Anfang unter dem Sowjetstern. Die CDU 1945–1948 in der Sowjetischen Besatzungszone Deutschlands. Köln 1981 und die Dokumentation Der deutsche Widerstand und die CDU. O. O., o. J. (Bonn, Bundesgeschäftsstelle der CDU 1979).

137 Winfried Becker, Die CDU im demokratischen Neubeginn 1945/46. Motive der Gründung und parteipolitischer Standort. In: Günther Rüther (Hrsg.), Geschichte der christlich-demokratischen und christlich-sozialen Bewegungen in Deutschland. Bonn 1987, S. 335 ff.

138 Ulbricht (wie Anm. 104), S. 50.

139 Badstübner (wie Anm. 133), S. 222.

140 Ebd., S. 224.

141 Diese Haltung kommt bereits 1946 in einer offiziösen Broschüre ». . . und das in Deutschland nach einem Jahr«, Berlin 1946, zum Ausdruck.

142 Vgl. ebd.

143 *Prawda*, 20. 8. 1949 (zitiert nach *Archiv der Gegenwart* 2047 – in Zukunft abgekürzt *AdG*).

144 Note der Sowjetregierung an Frankreich vom 11. 9. 1951 (*AdG* 3110).

145 *Prawda*, 30. 6. 1953 (*AdG* 4057).

146 Ebd.

147 Erklärung des ZK der KPdSU zum Verbot der KPD vom 28. 8. 1956 (*AdG* 5948).

148 Pressekonferenz in Ost-Berlin über Nazi-Diplomatie im Bonner Auswärtigen Amt. 12. 12. 1961 (*AdG* 9541).

149 Sowjetische Protesterklärung an die Bundesrepublik gegen die Ernennung von General Foertsch, 9. 4. 1961 (*AdG* 9023).

150 *AdG* 12 061.

151 *AdG* 12 208.

152 BRD weist sowjetische Note zur Frage der Verjährung von Naziverbrechen als beleidigend zurück, 18. 1. 1965 (*AdG* 11 646) und: Sowjetnote an die Westmächte protestiert gegen Übernahme des BRD-Verjährungsgesetzes durch Westberliner Senat, 3. 7. 1965 (*AdG* 11 942).

153 Scharfer sowjetischer Angriff gegen BRD; Kiesinger beklagt sowjetische Angstpsychose. Rede Bundeskanzler Kiesingers am 30. 1. 1967 (*AdG* 12 957–12 960).

154 Ebd. (*AdG* 12 960).

155 UdSSR bezeichnet geplante Notstandsgesetzgebung als Verstoß gegen die Potsdamer Abmachungen. Erklärung vom 19. 7. 1967 (*AdG* 13 307) und: TASS-Erklärung warnt vor Annahme der Notstandsgesetze in der BRD, 28. 5. 1967 (*AdG* 13 937 f.).

169

156 Sowjetunion beharrt auf Interventionsrecht gegen BRD aus Artikel 53 und 107 der UN-Charta sowie aus dem Potsdamer Vertrag. Memoranden vom 21. 11. 1968 und 5. 7. 1968 (*AdG* 14 199).

157 Sowjetische Erklärung zum 20. Jahrestag der NATO enthält scharfe Angriffe gegen USA und BRD und fordert gesamteuropäisches Sicherheitssystem. Erklärung vom 9. 4. 1969 (*AdG* 14 608 f.).

158 Rede Leonid Breschnews anläßlich des 20. Jahrestages der DDR, 7. 10. 1969 (*AdG* 14 964).

159 DDR und UdSSR weisen Angriffe der VR China gegen Vertrag zwischen BRD und UdSSR zurück. *Neues Deutschland*, 22. 9. 1970 (*AdG* 15 741).

160 Revolution in Filz. In: *Der Spiegel*, 17. 11. 1965, S. 110.

161 Jan Josef Lipski, Zwei Banditen. In: *Der Spiegel*, 20. 8. 1984, S. 91.

162 Ulbricht (wie Anm. 103), S. 102.

163 Walter Ulbricht, Zur Geschichte der deutschen Arbeiterbewegung. Aus Reden und Aufsätzen. (Ost-)Berlin 1955, Bd. 2 (1933–1946), S. 610.

164 Wie Anm. 141.

165 Ausschuß für deutsche Einheit (Hrsg.), Wie sieht es drüben aus? Wissenswertes über Westdeutschland. (Ost-)Berlin 1958.

166 Ebd., S. 71.

167 Ders., Jugendvergiftung als System. Eine Dokumentation über die Vorbereitung der westdeutschen Jugend auf einen neuen Krieg. (Ost-)Berlin 1960, S. 3 und S. 32.

168 Ders., Strauß und Brandt mobilisieren die SS. Drahtzieher der Revanchehetze um West-Berlin. (Ost-)Berlin 1962, S. 94.

169 Ebd., S. 58.

170 Ders., Hitlers Generale greifen nach Atomwaffen. Dokumentation über das Streben der Bonner Militaristen nach Atomwaffen und über die Rolle des Generalinspekteurs der Bundeswehr Trettner.

171 Ders., Wer regiert in Bonn? Die wahren Herren der Bundesrepublik. (Ost-)Berlin 1958, S. 5.

172 Ders., . . . wieder am Hebel der Macht. (Ost-)Berlin 1960, S. 3.

173 Ebd., S. 4

174 Ders., Fortschritt und Reaktion. Führende Persönlichkeiten beider deutscher Staaten – eine Gegenüberstellung. (Ost-)Berlin 1961, S. 2.

175 Ders., Die Wahrheit über Oberländer. Braunbuch über die verbrecherische faschistische Vergangenheit des Bonner Ministers. (Ost-)Berlin 1960, S. 175 und 179.

176 Ders., Der aufhaltsame Aufstieg des Dr. Hans Maria Globke und ders., Globkes braune Notstandsexekutive. Das Bonner Geheimkabinett der Staatssekretäre – ein Exklusivverein belasteter Nazis und Antisemiten. (Ost-)Berlin 1963.

170

177 Ders., Eichmann – Henker, Handlanger, Hintermänner. (Ost-)Berlin 1961.

178 Ders., Der ehrbare Mörder. (Ost-)Berlin 1962, S. 1.

179 Ders., Von der Reichsanwaltschaft zur Bundesanwaltschaft. Wolfgang Fränkel neuer Generalbundesanwalt. (Ost-)Berlin 1962 und Ingo Müller, Furchtbare Juristen. Die unbewältigte Vergangenheit unserer Justiz. München 1987, S. 218.

180 Zitiert nach Peter Jochen Winters, Eine Stimmung in der DDR wie 1961. Warum die SED keine Reformen will. In: *FAZ*, 24. 8. 1989, S. 12.

181 Walter von Cube, Ich bitte um Widerspruch. Frankfurt/M. 1952, S. 227.

182 Ebd., S. 220.

183 Sabina Lietzmann, »Laßt doch die Deutschen weinen!« Gefährliche Deutschland-Klischees in Amerika. In: *FAZ*, 21. 12. 1961.

184 T. H. Tetens, The New Germany and the Old Nazis. New York 1961.

185 Lietzmann (wie Anm. 183).

186 Berlin. Chronik der Jahre 1959–1960. Berlin 1978, S. 727f.

187 Die zahlreichen antifaschistisch-pornographischen Broschüren lassen sich, da es sich um »graue« Literatur handelt, bibliographisch nicht nachweisen. Eine Sammlung von Heften liegt vor, eine Besprechung bietet Ekkehard Klausa, Wie sich Little Sam die Deutschen vorstellt . . . In: *Kurier* (Stimmen der Jugend), 13. Jg., Nr. 10, Oktober 1962. Außerdem: Manfred George, Wie denkt man in Amerika über uns? In: *Christ und Welt*, 9. 3. 1962; Georg Ramseger, Wolken, die noch lange nicht zerrissen. In: *Die Welt*, 7. 3. 1963; und »Fünfzig Jahre deutsche Kriege«. In: *Die Welt*, 12. 3. 1963.

188 Antje Ziegler, Der manipulative Gebrauch des Faschismusvorwurfs in der arabisch-islamischen Welt. In: Hans-Helmuth Knütter (Hrsg.), Antifaschismus als innen- und außenpolitisches Kampfmittel. Bornheim 1991, S. 116–148.

189 Zitiert nach Monika Zimmermann, Das war kein Sozialismus, sondern Stalinismus. In: *FAZ*, 29. 11. 1989, S. 3. Ganz in diesem Sinne auch Freya Klier, Retten, was zu retten ist. In: *Akut* (Bonner Studentenzeitschrift) Nr. 238, 8. 12. 1989, S. 9f.

190 Die Parolen sind dokumentiert in: Schneider (wie Anm. 15), S. 90 (6. 11. 1989), S. 104 (13. 11. 1989), S. 119 (20. 11. 1989), S. 128f. (27. 11. 1989). Den Höhepunkt der Parolen brachte die Montagsdemonstration am 4. 12. 1989, S. 140f. Vom 11. 12. an (S. 153) flauten die antifaschistischen und gegen die Wiedervereinigung gerich-

teten Parolen ab. Zugleich nahmen die für die Wiedervereinigung eintretenden stark zu. Die Entwicklung ging von »Wir sind das Volk« zu »Wir sind ein Volk«.

191 Über ein Streitgespräch zwischen Rudolf Augstein und Günter Grass wird berichtet in: Von Zügen und Gleisen. In: *FAZ*, 16. 2. 1990. Siehe auch Jens Jessen: Leichtfertig. Günter Grass über Auschwitz. 15. 2. 1990. Zum »Vierten Reich« ein Bericht über Franz Josef Degenhardt: Wo ist vorne, wo ist hinten? In: *FAZ*, 27. 11. 1990. Eine Zusammenfassung bei Oskar Fehrenbach, Das Trauma. Zur Rolle der linken Intelligenz: Einheit und Nation auf dem Opferaltar der Schuld. In: *Die politische Meinung* Nr. 253, 35. Jg., Nov./Dez. 1990, S. 63–68.

192 Frank Schumann, Was ist Neofaschismus? Mehr als nur Hakenkreuze und Gewalt. In: *Junge Welt* Nr. 9, 11. 1. 1990, S. 3.

193 Stefan Heym, Auf Sand gebaut. Sieben Geschichten aus der unmittelbaren Vergangenheit. München 1990 (Rezension in: *FAZ*, 20. 11. 1990).

194 Jahrbuch der Sozialdemokratischen Partei Deutschlands 1948/49, herausgegeben vom Vorstand der SPD, S. 130, hier zitiert nach: *Deutscher Bundestag*, Drucksache 11/729 vom 28. 8. 1987; Antwort des parlamentarischen Staatssekretärs Spranger vom 17. 8. 1987 auf eine Frage des Abgeordneten Gerster (CDU/CSU), S. 4.

195 Ebd., S. 5.

196 Ebd., S. 6.

197 Ein ausführlicher Bericht, der die personellen Zusammenhänge genau aufzeigt, findet sich bei Andreas Zehnter: Antifaschismus im politischen Tageskampf. Die Bedeutung der VVN – Bund der Antifaschisten für die kommunistische Bündnispolitik. In: Knütter (wie Anm. 33), S. 60 ff.

198 Keine Freiheit für die Feinde der Freiheit. Zum Antrag der Bundesregierung an das Bundesverwaltungsgericht auf Feststellung der Verfassungswidrigkeit der VVN in: Bulletin des Presse- und Informationsamtes der Bundesregierung, 24. 10. 1959, S. 2007 f.

199 VVN-Prozeß. Aufs tote Gleis. In: *Der Spiegel*, 19. 12. 1962, S. 29 f.

200 »Antifaschistische Demonstrationen zum 40. Jahrestag der Beendigung des Zweiten Weltkrieges«. In: *Innere Sicherheit* Nr. 3, 28. 6. 1985, S. 5.

201 Pressedienst der VVN, Kongreßdienst Nr. 2, 30. 5. 1987.

202 Ralf Georg Reuth, Antifa, ein neues Aktionswort in Berlin. Das Schreckgespenst des Faschismus. In: *FAZ*, 6. 3. 1989.

203 Die Zahl findet sich in: Humanes Geschwätz. In: *Der Spiegel*, 5. 6. 1989, S. 49.

204 Ebd.

205 Einige aufgezählt im *Spiegel*, ebd.

206 Günter Bohnsack/Herbert Brehmer, Auftrag Irreführung. Wie die Stasi Politik im Westen machte. Hamburg 1992.

207 Peter Kratz/Raimund Hethey, In bester Gesellschaft. Antifa-Recherche zwischen Konservativismus und Neo-Faschismus. Göttingen 1991.

208 Bernd Gäbler, Erinnern für die Zukunft. In: *Deutsche Volkszeitung/ Die Tat*, 5. 6. 1987.

209 Wie Anm. 201.

210 Anonymes Flugblatt vom 23. 5. 1993 in Bonn.

211 Dirk Hülstrunk in: *Gegengift*, Mai/Juni 1993 (Die Zeitschrift erscheint in Pfaffenhofen, Hinweis in *FAZ*, 19. 6. 1993, S. 29).

Dokumente

Das Verhör

Wenn du festgenommen wurdest, wirst du normalerweise verhört. Dabei wollen die Bullen meist was über dich rauskriegen, eine persönliche Einschätzung, damit sie wissen, wie sie mit dir am besten umgehen können. Vor allem dienen die Verhöre aber dazu, mehr über die Aktion zu erfahren, wer noch daran teilgenommen hat, wer hat sie geplant usw. Wirst du ohne erkennbaren Anlaß festgenommen und verhört, sollen z. B. politische und persönliche Zusammenhänge ausgeforscht werden. Doch unabhängig vom jeweiligen Anlaß – das Verhalten beim Verhör ist immer gleich.

Beim Verhör bei den Bullen gilt eine klare Regel, die auf keinen Fall gebrochen werden darf: KEINE AUSSAGEN! Keine Aussagen bezieht sich auf alles, außer auf wenige Punkte:
– Name
– Meldeadresse
– Tätigkeit (z. B. Schüler/in, Mechaniker/in usw. Aber NICHT die Firma).
Dasselbe gilt bei der Staatsanwaltschaft. Sämtliche Aussagen außer den oben genannten nützen den Bullen nur in ihren Ermittlungen! Selbst wenn sie dich (scheinbar) nicht belasten und andere vielleicht auch nicht, so ist es für die Pigs ein Baustein zu einem Bild, das sie über dich anfertigen. Sie in-

teressieren sich auch für scheinbar unwichtige Sachen, und auch die gehen sie NICHTS an! Und es hat auch keinen Sinn zu versuchen, sich irgendwie rauszureden zu wollen. Sich in kurzer Zeit ein Lügengebilde aufzubauen, das jeglicher Überprüfung standhält, ist immer ein Risiko. Du hast es schließlich mit Profis zu tun, die ihren Job seit Jahren machen. Denen mußt du überlegt entgegnen und niemals ohne Absprache bzw. zusammen mit deinem Anwalt bzw. deiner Anwältin. Ohne ihn/sie läuft gar nichts. Du sagst, daß du ihn oder sie sprechen willst und daß du keine Aussagen machen willst. Rechtlich darf dir die Aussageverweigerung nicht angelastet werden.

Wenn du aussagen willst, dann grundsätzlich nur in Absprache mit der/dem Anwältin/Anwalt und nur gegenüber dem/der Richter/in. Als Angeklagte/r oder Verdächtige/r hast du KEINE AUSSAGEPFLICHT. Anders ist es, wenn du als Zeuge oder Zeugin vorgeladen wirst. Bei einer Vorladung von der Staatsanwaltschaft MUSST du hingehen und hast grundsätzlich auch die Pflicht auszusagen. Du kannst es bei einigen Fragen ablehnen, wenn sie (deine Aussagen) dich selbst belasten würden. Doch auch dort gilt: Nur in Beisein und nach Rücksprache mit deiner Anwältin bzw. deines Anwaltes hingehen und aussagen. Falls du zu einer Vorladung der Staatsanwaltschaft oder zum Prozeß nicht kommst, kannst du beim folgenden Termin einige Tage vorher von der Polizei abgeholt und dann zwangsweise vorgeführt werden.

Klar ist, daß du bei der Polizei oder der Staatsanwaltschaft natürlich auch NICHTS UNTERSCHREIBST. Die machen manchmal ein Protokoll wo – weil du nix ausgesagt hast – nichts drinsteht und später plötzlich doch. Oder sie fälschen die Teile auf andere Weise. Du bist nicht zur Unterschrift verpflichtet, auch nicht unter der Erklärung, daß du nicht ausgesagt hast.

Also zwei wichtige Punkte:
– NUR MIT ANWALT/ANWÄLTIN zu Vorladungen erscheinen
– KEINE AUSSAGEN machen und nichts unterschreiben.

Prozesse + Knast

Wer politische Arbeit macht und speziell auch wer sich im antifaschistischen Kampf betätigt, kann schnell in die Situation kommen, festgenommen zu werden, einen Prozeß zu kriegen und vielleicht auch in den Knast zu gehen. Das ist Teil unseres Kampfes, weil sich die Gegenseite natürlich wehrt, und zu dieser Gegenseite gehört in der Regel auch der Staat.

Einen Prozeß zu kriegen hat wenig damit zu tun, kriminell zu sein. Das ist höchstens die Definition der Bürgerlichen, die natürlich jeden antifaschistischen Kampf als kriminell abtun und wo es geht verfolgen. Das ist die Realität und muß uns auch allen bewußt sein! Prozesse und Knast zu ignorieren hilft uns nicht, sondern vergrößert nur die Unsicherheit und damit die Panik davor. Man kann sich auf die Situation Knast einstellen, und für die Leute draußen gilt das genauso: Solidarität ist in diesem Fall eine selbstverständliche Pflicht.

Eine Aktion ist erst dann gelaufen, wenn auch alle Beteiligten wieder zu Hause sind – nicht wenn einige noch auf ihren Prozeß warten.

Die Angst vor Prozessen und Knast ist normal. Am besten bekämpft man sie mit einer genauen Auseinandersetzung darüber, Prozeßerfahrungen durch Zuschauen sammeln, mit Leuten reden, die im Knast sitzen usw. Und die eigene Gruppe ist meist der wichtigste Halt in einer solchen Situation!

Prozesse

Wenn abzusehen ist, daß du aus irgendeinem Grund mit einem Prozeß rechnen mußt, solltest du dich möglichst frühzeitig darauf vorbereiten (Gedächtnisprotokoll, Zeugen/Zeuginnen). Wende dich nicht gleich an die/den erstbeste/n Anwältin/Anwalt, sondern informiere dich z. B. beim EA (Ermittlungsausschuß) oder bei Gruppen und Personen, die mit Prozessen schon Ahnung haben. Zu diesen Leuten kannst du eher Vertrauen haben, da sie dir bei der Auswahl eines/einer Rechtsanwalts/-anwältin helfen können. Die können dir dann erste Einschätzungen über deine rechtliche Situation geben. Mit dem/der Anwalt/Anwältin kannst du ein Beratungsgespräch führen (ca. 10,– DM). Der bzw. die hat auch Einsicht in die Akten, die bei Bullen und Staatsanwaltschaft über dich angefertigt worden sind. In der Regel kann sie/er dir eine genauere Einschätzung über mögliche Folgen geben.

Ist die Wahrscheinlichkeit groß, daß ein Prozeß ansteht, so solltest du dir vorher die Prozeß-Strategie mit deiner/deinem Anwältin/Anwalt klar machen.

Als nächstes sammle alle verfügbaren Gedächtnisprotokolle ein und sprich mit den Leuten, inwieweit sie dich beim Prozeß unterstützen wollen.

Bei einem gemeinsamen Gespräch (mit Anwalt/Anwältin) muß klar werden, wer in den Prozeß mit einbezogen werden kann und wer nicht; sowie eine Klärung der gemeinsamen Vorgehensweise beim Prozeß. Dein/e Anwalt/Anwältin müßte dich auch über dein Aussageverweigerungsrecht vor Gericht aufklären. Es ist manchmal besser, auch nur Teilaussagen zu machen. Ebenfalls darf dir eine Lüge oder Halbwahrheit in der Urteilsgebung nicht angelastet werden. Was du dann noch klären mußt, ist die Benennung von Zeug/innen. Das ist für diese eventuell mit Risiko verbunden, denn wenn sie vorher benannt werden (und somit auch der Staatsanwaltschaft bekannt), aber am ersten Tag noch nicht ausgesagt haben, könnte die Staatsanwaltschaft sie vor dem Prozeß zum Verhör vorladen und auszufragen versuchen. Zeug/innen (aber auch die Angeklagten) sind bei einer Vorladung der Staatsanwaltschaft verpflichtet hinzugehen, sonst können sie von der Polizei abgeholt werden. Sprich auf jeden Fall mal mit Leuten, die sowas schon mal durchgemacht haben. Versuche, deine Situation realistisch einzuschätzen, damit du nicht eingeschüchtert werden kannst und du nicht den Fehler begehst alles zu »easy« zu sehen. Kläre gleich zu Beginn mit deiner/deinem Anwältin/Anwalt, wie es mit den Kosten aussieht und kümmere dich darum, wie die Kohle zusammen kommt (z. B. auch Ratenzahlung, Unterstützung durch Genoss/innen, die »Rote Hilfe u.«

Ist der Prozeßtermin nun bekannt, informiere alle möglichen Leute, damit du nicht alleine zum Prozeß gehen mußt und zum anderen einen Schutz hast, falls auch z. B. Faschos o. ä. an dir Interesse haben.

Wenn du unter 18 Jahre alt bist, kommst du vor ein Jugendgericht, das gleiche ist meist auch noch für die »Heranwachsenden« (zwischen 18 und 21 Jahren) zuständig. Ob du dann vor ein Jugendgericht oder ein »normales« Gericht gestellt wirst, hängt im wesentlichen von der Aussage der Jugendgerichtshilfe ab, die auch beim Prozeß mit dabei ist und dort noch mal gehört wird. Diese Typen/Frauen von der Jugendgerichtshilfe sind mit großer Vorsicht zu genießen, da sie (wie z. B. normale Sozialarbeiter/innen) für diesen Staat und seine Gesetze arbeiten und normalerweise nicht auf unserer Seite stehen.

Die Prozesse vor einem Jugendgericht sind normalerweise nicht öffentlich, es dürfen also nur die Eltern in den Zuschauerraum. Allerdings fallen für dich auch die Vorteile weg, die wir vorne schon beschrieben haben (Schutz und Unterstützung).

Du kannst in diesem Fall aber die Zulassung der Öffentlichkeit beantragen.

Wenn du beim Prozeß zu Haft ohne Bewährung verurteilt werden könntest, besteht schon vorher die Möglichkeit, dich einzusperren.

Das heißt dann »Untersuchungshaft« (U-Haft) und wird vom/von der Haftrichter/in angeordnet. Du kannst auch dagegen Rechtsmittel einlegen, am wichtigsten ist der Kontakt zu einer Rechtsanwältin bzw. einem Anwalt DEINES VERTRAUENS (vorher drum kümmern!!!)

In den Knast kannst du eigentlich relativ schnell kommen, oft kommt man auch schnell wieder raus. Auf keinen Fall Panik kriegen, aber immer auf diese Situation gefaßt sein. Man kommt manchmal wegen Lächerlichkeiten in U-Haft, es reicht oft, daß du Ausländer/in bist oder nicht richtig angemeldet o. ä. Das Schlimmste beim »Einfahren« ist die Ungewißheit, was weiter passiert. Die Trennung von den Freundinnen/Freunden und Genoss/innen tut auch weh, die gewohnte Umgebung fehlt. Da muß man sich ganz genau auf die eigene Situation und die Umgebung konzentrieren, alles mitkriegen, aufpassen wer noch mit dir in der Zelle sitzt usw. Vorsicht aber bei Gesprächen mit Mitgefangenen. Keine Gespräche zum Tatvorwurf, denn oft stecken die Bullen einen Spitzel mit rein, der deine unsichere Lage zum »vertraulichen Gespräch zwischen Freunden« ausnutzt. Wenn klar ist, daß du für länger im Knast bist und nicht gleich wieder raus kommst, und wenn die Hektik der ersten Tage vorbei ist, versuche dich zu orientieren!

Knast

Hier wollen wir dir einen Einblick in die Situation geben, wenn du nach einer Festnahme vor den/die Haftrichter/in kommst und ein Haftbefehl ohne Haftverschonung gegen dich erlassen wurde, du also im Knast verschwindest. Nach dieser Verkündung mußt du noch unbedingt einen Haftprüfungstermin beantragen, der dann innerhalb von 14 Tagen stattfindet. Dort besteht die Chance, daß du gegen Auflagen (Kaution, mehrmaliges Melden bei der Bullerei in der Wache etc.) doch noch Haftverschonung bekommst. Ohne deinen Antrag muß dieser Termin aber erst innerhalb der nächsten drei Monate stattfinden. Stelle außerdem gleich noch Anträge auf Aushändigung von Schreibmaterial, Radio usw. Dein/e Rechtsanwalt/-anwältin müßte dir dabei auch helfen.

Dann wirst du zur Aufnahme in den Knast gefahren. In der »Kammer« mußt du dich nackt ausziehen, und deine Klamotten werden eingepackt. Auch alles andere (Tabak, Schmuck, Schlüssel: Deine Wohnung ist hoffentlich »sauber« und Zweitschlüssel bei Freund/in oder Eltern) wird dir abgezogen.

Wenn du Kleingeld dabei hattest, kannst du dir dafür (jedenfalls manchmal) Tabak, Blättchen oder Zigaretten geben lassen, bei Drängeln bekommst du vielleicht sogar Streichhölzer.

Dann gibt es Knastklamotten (der letzte Dreck), Geschirr, Bettzeug usw. Als nächstes kommt die Vollzugsgeschäftstelle (VGSt.). Auf deren Fragen brauchst du nix antworten, dann machen sie noch 'n

Foto von dir. Weiter geht's zur Arztgeschäftsstelle: Blutentnahme wegen Syphilis, Hepatitis, Aids. Wenn du die Untersuchung nicht ablehnst, wehre dich gegen den Aids-Test. Bedenke allerdings: Wenn sie dein Blut haben, werden sie daran untersuchen was sie wollen, auch wenn du es nicht wollen. Sie fragen dich nach allen möglichen Krankheiten und machen eine gynäkologische Untersuchung (Abstrich). Dein Verhalten zu dieser Untersuchung solltest du dir vorher ganz genau überlegen. Eine Verweigerung heißt aber: Keine »Freizeitveranstaltungen« und wahrscheinlich Einzel-Hofgang, sowie 23 Stunden Einschluß. Verletzungen bei der Festnahme und regelmäßige Medikamente angeben, spätestens wenn sie dich nach ein paar Tagen zum Tbc-Röntgen abholen.

Nun bekommst du »deine« Zelle. Frag gleich, wann du in die Bücherei kannst, die auf der Station ist. Als nächstes kommt zu dir die/der Sozialarbeiter/in. Erzähl nix, aber frag nach Stiften, Büchern, eigenen Klamotten. Hau sie an wegen der großen Bücherei vom Knast, über sie/ihn läuft der Verleih. Dann kommen die Pfaff/innen; auch nach Sachen fragen. Dein/e Haft-richter/in ist für deine Haftsituation zuständig. Alle Anträge, Radio, Fernseher, Gemeinschaftsveran-staltungen, Umschluß, Zeitungen, Bücher etc. müssen mit deinem Aktenzeichen an sie/ihn. Knastin-ternes läuft über »Vormelder« (z. B. Schreibkram, Arzt/Ärztin, Heraus-gabe von »Zur-Habe genomme-nen« Gegenständen).

Besucht werden darfst du alle 14 Tage für eine halbe Stunde, wobei drei Leute dabei sein können. Be-antragt wird er von den Besucher/innen bei der/dem zuständigen Staatsanwältin/-anwalt oder Haft-richter/in. Familienangehörige ha-ben die beste Chance Sonderbe-suche machen zu können. Das sollte unbedingt koordiniert wer-den, so daß die Sonderbesucher/innen immer erst *nach* dem norma-len Besuch kommen, sonst entfällt der eine Besuch. Ein/e Schließer/in sitzt dabei und hört mit, er/sie kann den Besuch vorzeitig abbrechen, z. B. wegen Sicherheit und blabla im Knast. Auch bei Berührungen u. ä. wird oft abgebrochen. Vor-sicht: Besucher/innen werden manchmal vor dem Besuch von der Staatsanwaltschaft verhört und evtl. als Zeug/innen miß-braucht. Ohne Ladung seid ihr nicht zur Aussage verpflichtet; auch bei Androhung, daß der Be-such nicht gestattet wird: Maul halten und mit dem/der Anwalt/Anwältin reden. Wenn ein/e Besu-cher/in schon von Anfang an als Zeuge oder Zeugin in Betracht kommen könnte, ist ein Besuch genau zu überlegen, da er/sie als Entlastungszeug/in vor Gericht dann als unglaubwürdig erschei-nen kann.

Um eigene Klamotten zu bekom-men muß von draußen irgendwer die dreckigen Sachen abholen und saubere bringen. Dafür muß ein Wäscheschein im Knast beantragt werden, der nach Genehmigung rausgeschickt werden muß. Unbe-dingt auch probieren, Wäsche beim Pförtner abzugeben, das klappt manchmal.

Wenn du über 21 Jahre bist, brauchst du während der U-Haft nicht zu arbeiten, ansonsten bist du aus »erzieherischen Gründen« dazu verpflichtet, falls es Arbeit gibt. Verdienen tun aber nur die Firmen dran, die die Aufträge ge-ben. Du bekommst pro Tag bloß ein paar Mark, allerdings kannst du da wenigstens ein paar Leute tref-fen. Arbeit ist im Knast ein »Privi-leg« und wird dir schnell wegge-nommen, falls du nicht hörig ge-nug bist.

Einmal pro Woche darfst du ein-kaufen. Bestellen tust du über den Vormelder, der mindestens zwei Tage vorher raus muß. Du be-kommst eine Waren-Preis-Liste, von der Sachen bis zu einer be-stimmten Summe bestellt werden können. Die Kohle wird von dei-nem »Guthabenkonto« im Knast abgebucht, es ist daher wichtig, daß Leute von draußen da immer 'n bißchen Kohle drauf tun.

Bis auf Verteidiger/innen-Post (und da manchmal auch) werden alle Briefe etc. von der Staatsan-waltschaft oder der/dem Haftrich-ter/in kontrolliert. Deshalb nix über den Tatvorwurf schreiben, Briefe könnten auch eingezogen oder zu-rückgeschickt werden (»Gefähr-dung der Sicherheit und Ordnung der Anstalt«) oder zu den Ermitt-lungen gegen dich verwendet werden. In solchen Fällen nicht einschüchtern lassen, du und die Leute draußen müssen probieren, mehr »zwischen den Zeilen« schreiben zu lernen. Und an alle die IN den Knast schreiben: Steckt unbedingt immer genug Briefmarken mit rein, damit der/die Knackie auch rausschreiben kann!

Päckchen darfst du dreimal im Jahr bekommen (Geburtstag, 24. Dezember und Ostern), evtl. auch ein paar mehr (mit Tabak usw.). Für diese muß der/die Gefangene einen Paketschein beantragen, der samt Merkblatt über den erlaubten Inhalt rausgeschickt wird. Schreib noch dazu, was du unbedingt brauchst.

Diese ganzen Tips sind nur einige Technics, es gibt aber Gruppen, die schon mehr dazu veröffentlicht haben. Bei Interesse schik-

ken wir auch mehr zu. Gut ist es aber auf jeden Fall, nicht gleich Panik zu kriegen, und auch ein bißchen cool zu bleiben. Deine Situation kannst du in dieser Zeit nur wenig beeinflussen, mach dich deshalb drin nicht verrückt. Denke an deine Rechte und nutze sie aus. Beschäftige dich, lese, schreibe und zeichne, außerdem wirst du dir sicher viel Gedanken über deine Lage machen. Am besten, du redest VORHER mal mit jemanden, der/die schon mal gesessen hat!

. . . dir die Schuhe zubinden und dabei zwischen den Beinen durch nach hinten gucken oder die Straße überqueren und dabei aufmerksam nach hinten schauen.

Wenn du eine erkannte oder mögliche Observation abschütteln willst:

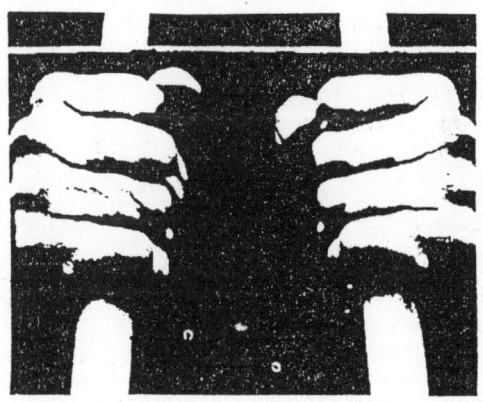

185

Gut ist in diesen Fällen immer, mit dem Fahrrad, Mofa oder Motorrad unterwegs zu sein, weil sie dich dann weder zu Fuß noch gut mit dem Auto verfolgen können (besonders, wenn du noch einige Schleichwege fährst). Es ist prinzipiell sehr schwer, dich im Auge zu behalten, wenn du möglichst häufig dein Fortbewegungsmittel wechselst. So könntest du vielleicht mit dem Fahrrad losfahren, um mit dem Bus weiterzufahren und zu guter letzt noch ein Stückchen laufen. Häufiges Abbiegen und durch Menschenansammlungen gehen, »deine« Bullen gut in Trab halten. Es lohnt sich auch, Kaufhäuser mit mehreren Ausgängen zu durchqueren. Wenn du das gut durchziehst, hast du gute Chancen, dich ein Weilchen ohne Anhang bewegen zu können, zumindest haben deine Observanten nicht viel Freude an dir gehabt! Hoffentlich haben wir dir einige Anhaltspunkte für den Umgang mit einer Observation gegeben. Es ist uns wichtig, daß viele Leute sich ein verantwortungsvolleres Verhalten angewöhnen. Dazu gehört auf jeden Fall, öfter mal aufzupassen, denn nur so kriegst du eine Observation überhaupt mit. Hast du das Gefühl, daß was nicht stimmt, versuch dich abzusetzen. Und wenn du nicht sicher bist ob es geklappt hat, dann laß lieber ein wichtiges Treffen oder eine Aktion sausen, als daß du die Bullen hinführst. In diesem Fall gefährdest du sonst auch noch andere Leute.

Selbstschutz

Um sich gegen Anpöbeleien oder Anmache, vor allem aber gegen tätliche Angriffe wehren zu können, sollte man/frau dazu geeignetes »Werkzeug« mit sich führen. Da du fast nie vorher weißt, wann du Streß kriegst, empfiehlt es sich, auch solche Sachen wie Tränengas, Holz und ähnliches immer mit dabei zu haben. Das gilt aber normalerweise nicht für Demos oder Kundgebungen, weil da oft vorher gefilzt wird. Falls da solche Waffen benötigt werden, muß man sich genau überlegen, wie man sie reinkriegt.

Jedoch ist zu Knüppeln und ähnlichem Handwerkszeug hinzuzufügen, daß sie *nur* dann einen Sinn haben und ihren Zweck erfüllen, wenn du sie auch beherrschst, also damit auch umgehen kannst. Ist dies nämlich nicht der Fall, passiert es schnell, daß dir die Sachen (z. B. von den Nazis) abgenommen und gegen dich eingesetzt werden. Daher ist ein Training mit solchen Waffen absolut notwendig, am besten mit mehreren Leuten zusammen. Nützlich ist auch Selbstverteidigungstraining, das muß ja nicht unbedingt eine kommerzielle Sportschule sein.

Zum Selbstschutz gehört auch, die Situation richtig einzuschätzen. Das Abchecken der Umgebung, der eigenen Anzahl von Leuten (eigene Stärke), evtl. von Bullen und Aktivbürgern oder Kötern gehört ebenfalls dazu. Sonst stehst du plötzlich einer größeren Anzahl Nazis oder ähnlichem gegenüber und mußt abhauen. Manchmal verlängert Laufen auch Gesundheit und Leben . . .

Die Erfahrung hat gezeigt, daß der antifaschistische Selbstschutz oft kriminalisiert wird. Den Bullen paßt es natürlich gar nicht, wenn man/frau sich lieber selbst schützt, als sich auf die Polente zu verlassen. Anstatt sich um die Faschisten zu kümmern, haben der Staat und seine Handlanger und Beschützer wirklich was dagegen, daß Antifaschist/innen sich selber gegen den Faschodreck zur Wehr setzen.

Zum Thema Selbstschutz gehört aber auch die Verhältnismäßigkeit, so gehören Baseball-Keulen nicht auf eine Demo und auch nicht unbedingt auf den Kopf eines pubertierenden Jungnazis – jedenfalls nicht solange er nur Mitläufer ist. Klar ist aber auch, daß bei einer Klopperei, an denen häufig auch Mitläufer beteiligt sind, kein Unterschied gemacht werden kann.

Das gilt auch beim Schutz unserer eigenen Veranstaltungen.

Es empfiehlt sich, daß ein Schutz bei Aktionen von *einer* Gruppe gemacht wird und nicht von allen, die »Bock drauf« haben. Oft wird daraus dann nämlich eine Modeschau der Knüppel und »starken Männer«, und ein effektiver Schutz bleibt auf der Strecke.

Telefon

Da Antifaarbeit dem Staat stinkt, geht er auch dagegen vor. Unter anderem werden von der Polizei und den Geheimdiensten die Telefonleitungen der aktiven Antifaschist/innen abgehört. Das trifft nicht nur irgendwelche langjährige Aktive, sondern in der Regel kann jede/r aktive Antifaschist/in davon betroffen sein. Das Abhören von Telefonen ist für die Bullen nicht prinzipiell legal, sie müssen erst eine richterliche Genehmigung besorgen. Oft hören sie trotzdem ab, und uns kann es daher schnuppe sein, ob legal oder illegal. Leider entdeckt mensch höchstens zufällig mal einen sogenannten »Lauschangriff«, deshalb ist immer davon auszugehen, daß abgehört wird, und das Verhalten sollte darauf eingestellt werden. Verhalten heißt in diesem Fall: Keinerlei unnötige Informationen übers Telefon geben. Treffpunkte, Termine, Namen und Erlebnisberichte von Aktionen haben in der Sprechmuschel nichts zu suchen! Du kannst dir sicher auch nicht vorstellen, bei einer Verabredung z. B. zu 'ner Flugie-Aktion gleichzeitig immer auch noch die Bullen zu informieren. Aber wenn sowas übers Telefon läuft, ist es nichts anderes.
Wenn du den Bullen übers Telefon z. B. solche Verteilungs- oder Trefforte und -termine mitteilst, haben die die Möglichkeit, sich darauf einzustellen. Vielleicht werdet ihr bei der Aktion fotografiert, auf jeden Fall kommen sie um zu beobachten.
Überlegt euch auch was, wenn ihr mal eure interne Telefonkette auslösen müßt. Es wäre schlecht, wenn die Pigs dadurch gleich alle Leute von euch kennenlernen.
Es gibt auch die Möglichkeit, für die eigenen Mitglieder andere Namen auszumachen, so daß am Telefon für die Lauscher nicht klar ist, wer gemeint ist.
Ein anderes Problem sind Listen mit Telefonnummern der Leute, die du so kennst. Auch die sollten möglichst verschlüsselt sein, also Namen und die Nummern. Auf solchen Listen darf auf keinen Fall »Antifa« neben den Nummern stehen oder extra Zeichen neben den Nummern der eigenen Gruppenmitglieder. Jegliche Bemerkung oder auch unnötige Nummer ist Schwachsinn! Und vor allem haben solche Listen NICHTS bei Demos, Aktionen oder den eigenen Treffen zu suchen! Schon öfters wurden Leuten diese Listen von Faschos oder Bullen abgenommen. Und denen sollte man es nicht allzu leicht machen.

188

Fanpost

Viele politische Gruppen arbeiten so, daß sie auch auf Postkontakt mit anderen angewiesen sind. Z. B. wenn ihr eine Zeitung oder Flugblätter herausgebt, ist es wichtig, irgendwie erreichbar zu sein.

Da aber die Nazis und auch die Polizei stets bemüht sind, mehr Information über aktive Antifas zu bekommen, solltet ihr euch davor schützen. Deshalb ist es nicht ratsam, die eigene Privatadresse dafür zu benutzen.

Es gibt zwei andere Möglichkeiten: Entweder eine Adresse bei der Post oder eine andere Anschrift wird mitbenutzt. Als Anschrift bei der Post kann man die POSTLAGERKARTE benutzen, doch wird die in der Regel auch von den Bullen überwacht und ist deshalb nicht so gut. Außerdem gibt es die nicht mehr überall. Ein POSTFACH kann ebenfalls leicht überwacht, aber auch von außen beobachtet werden. Wer dann an das Postfach geht, ist leicht zu erkennen. Die andere Möglichkeit ist die Verwendung einer Adresse z. B. von einem Buchladen, Kollektiv oder politischem Projekt. Das liest sich dann so:

Antifagruppe
c/o Buchladen
Gneisenaustr. 2 a, 1000 Berlin 51

Ein oder zwei Leute, die in dem Laden bekannt sind, holen dann dort regelmäßig die Post ab. Andere Leute sollten die Briefe nicht ausgehändigt kriegen.

Wenn euch Leute schreiben, dann solltet ihr denen auch möglichst schnell antworten. Dabei muß aber nicht unbedingt der richtige Name als Unterschrift drauf, ist wohl klar.

Finanzen

Die meiste politische Arbeit kostet Geld, und wenn ihr als unabhängige Gruppe arbeitet (also keine Partei o. ä. im Hintergrund steht) dann müßt ihr selbst die Kohle auftreiben. Wichtig ist dabei, daß sie möglichst regelmäßig reinkommt. Es sollte jede/r, die/der in einer Antifagruppe mitmacht, »Mitgliedsbeiträge« oder sowas in eine gemeinsame Kasse zahlen. Und ihr sollet euch Gedanken über eine zusätzliche Finanzierung machen. Möglichkeiten dafür gibts eigentlich 'ne ganze Menge: Leute mit politischem Anspruch und etwas mehr Schotter kann man ruhig mit Hinweis auf ihr politisches Gewissen mit nachdrücklicher Bitte um Spenden anmachen. Für Spenden eignen sich aber auch progressive Buchläden, manchmal Kollektive, Naturkostläden usw. Den Spendern erzählt man was Allgemeines über die Antifa-Arbeit, interne Sachen gehen die aber nichts an. Bei Spenden von politischen Organisationen ist Vorsicht geboten, da sie an irgendwelche Bedingungen geknüpft sein können (»...legt doch mal ihr Flugblatt mit auf den Infotisch...«).

Eine weitere Möglichkeit, an Kohle zu kommen, sind Soll-Konzerte oder Beteiligung an Straßenfesten etc., wo man natürlich auch gleich die eigenen Veröffentlichungen auslegen kann. Zum Kohlemachen eignet sich auch der Verkauf von allerlei Sachen, z. B. von Aufnähern...

Neue Leute

Bei jeder Gruppe werden sich ab und zu Leute melden, die dort mitarbeiten wollen, oder die Gruppe sucht sich gezielt ihre potentiellen Mitglieder. Je nachdem, welchen Charakter die Gruppe hat, gibt es natürlich unterschiedliche Rangehensweisen.

Bei einer offen arbeitenden Gruppe reicht es sicher schon, wenn Leute, die sich melden, mit ihrem Namen und ihrer Adresse bekannt sind und im vorhinein ein politisches Gespräch geführt wird. Irgendwie muß man ja sehen, daß auch die gleichen oder zumindest ähnliche Vorstellungen vorhanden sind. Inwieweit die Leute bei offenen Gruppen mehr miteinander zu tun haben, hängt dann sicher vom Einzelfall ab. Doch auch bei einer ganz offenen Arbeit ist es wichtig, sich seine/ihre neuen Mitstreiter/innen etwas genauer anzuschauen, denn natürlich sind solche Gruppen für Spitzel der Bullen oder der Nazis leichter zu infiltrieren (unterwandern).

Besondere Vorkehrungen sind natürlich bei Gruppen nötig, die nicht offen oder halboffen arbeiten und/ oder die feste Mitgliederstrukturen haben. Da es dort auf das ganze Vertrauen untereinander ankommt und manchmal auch schon illegale Sachen vorkommen können, ist ein Schutz vor Spitzeln besonders wichtig. Meistens kennen sich die Leute in den geschlossenen Gruppen auch besser, so daß es eventuelle Spitzel viel schwerer haben, sich unerkannt längere Zeit in der Gruppe aufzuhalten. Spätestens wenn inhaltliche Diskussionen geführt werden und es Widersprüche in den Stellungnahmen gibt, oder wenn die Pigs ihr persönliches Leben total vor der Gruppe verheimlichen, ist Mißtrauen angebracht.

Wenn sich Leute bei einer Gruppe melden, um dort mitzumachen, sollte es am Anfang immer ein oder mehrere genaue Gespräche geben, in denen die wichtigsten politischen und organisatorischen Fragen geklärt werden und wo die Leute auch etwas mehr von sich erzählen. Schon da zeigt sich meistens, ob der- oder diejenige irgendwie nicht »ganz sauber« ist. Doch nicht nur die Möglichkeit einer Spitzel-Aktion ist ein Problem, sondern auch, daß viele Leute es nicht ganz so ernst mit der politischen Arbeit nehmen. Sie sind vielleicht unzuverlässig, großmäulig, wollen mit ihrer Mitgliedschaft nur angeben usw. Da gab es schon eine Menge schlechter Erfahrungen, und die müssen schon am Anfang genau berücksichtigt werden. Zumindest in festen Gruppen sollte jede Neu-Mitgliedschaft möglichst genau besprochen werden.

Inwieweit eine Gruppe ihren neuen Mitgliedern sowas wie 'ne »Probezeit« aufdrückt, bleibt natürlich ihr selbst überlassen. Doch wenn es keine grundsätzlichen Vorbehalte gibt, sollte man schon auf den Aufbau von Vertrauen untereinander achten.

Es ist vor allem auch immer auf die persönliche Situation des neuen Mitglieds zu achten. Jemand der/die noch nicht viel oder gar keine Erfahrung mit politischer Arbeit hat, muß sich erstmal orientieren, muß sich langsam eigene Standpunkte erarbeiten und möglichst viel in Diskussionen eingebunden werden. Demgegenüber kann man an Leute, die vielleicht schon seit Jahren Politik machen, mit höheren Ansprüchen rangehen. Es ist wichtig darauf zu achten, denn sonst werden vielleicht irgendwelche Kids gleich am Anfang so überfordert, daß sie das nur abschreckt und sie wieder abhauen.

191

Bündnisse

Da wir unsere Inhalte möglichst breit unter die Menschen bringen wollen, Aktionen von möglichst vielen verschiedenen Gruppen getragen werden sollen und wir nicht nur immer in unserem eigenen Saft braten wollen, halten wir Bündnisse für ziemlich notwendig.

Bündnisse bestehen meist aus 'nem konkreten Anlaß (z. B. faschistische Wahlerfolge, Naziaktionen etc.), ein bestimmtes Spektrum von Gruppen wird angesprochen, und dann geht es los.

Für uns sind Bündnisse aber nur sinnvoll, wenn wir eine eigene Stärke haben bzw. entwickeln können. Bestimmte Auseinandersetzungen, die von links in solche Bündnisse getragen werden, können sie auch politisch weiterent-

auch durchsetzen zu können. Das heißt, daß wir uns im Bündnis nicht darauf beschränken, nur Gedenkfahrten, Mahnwachen und/oder Schweigemärsche vorzubereiten, sondern durch das Bündnis eine Rückendeckung haben, wenn wir auf die Straße gehen. Parteien und etablierte Gruppen werden eben erst mal nicht so angegriffen wie Basisgruppen oder Schüler/innen. Konkrete Vorbereitung von Aktionen und Öffentlichkeitsarbeit:

Durch das Bündnis haben wir erstmal die Möglichkeit, mehr (und auch andere) Menschen zu erreichen als ohne. Und wenn Flugblätter geschrieben werden, müssen immer Leute von uns in den Vorbereitungsgruppen sein, um erstmal zu versuchen, eigene Positionen

wickeln; z. B. ist im Berliner Bündnis die Parole »Auflösung und Zerschlagung der faschistischen Gruppen« von den Organisationen mitgetragen, die vorher nur ein Verbot dieser Gruppen wollten. Wichtig ist es weiter, eigene Vorstellungen einzubringen und diese

durchzusetzen. Wichtig ist es auch, Aktionen nachzubereiten, um Mißverständnisse und Sachen, die schräg gelaufen sind, zu klären – einfach, um kontinuierliche Arbeit zu verstärken. Das ist vorteilhaft, um sich besser kennenzulernen und damit nicht vor jeder Aktion die gleichen Diskussionen geführt werden müssen. Da Parteien und größere Organisationen nun mal mehr Geld haben, sollten sie auch den Großteil der anfallenden Kosten tragen.

Umgehen mit Bündnispartner/innen bei Treffen:

Wir finden es wichtig, sich mit uns nahestehenden Gruppen noch neben dem Bündnis zu treffen, am besten vorher, um abzusprechen, was wir genau wollen und wie wir es durchsetzen können. Dabei müssen wir uns nichts vormachen: Bündnisarbeit ist oft anstrengend und ätzend (nicht nur bei Spaltungsfragen wie Gewalt oder ähnlichem) und wir müssen auch bereit sein, gewisse Kompromisse einzugehen. Schreckt nicht vor inhaltlichen Diskussionen zurück, nur weil im Bündnis eben auch Polit-

Profis drinnen sitzen, die schon viel Erfahrung haben. Laßt euch nicht einschüchtern, auch nicht davon, daß sie längere Reden schwingen und sich »gewählter« ausdrücken. Redewendungen wie »ich kann zwar nicht so gut reden wie XY, aber...«, kurzes Reden und die Sachen auf den eigentlichen Punkt bringen, sind da einige Hilfen, um uns im Bündnis einzubringen. Ihr solltet nicht zu jedem Schein euren Kommentar abgeben, und es hat schon vielen geholfen, sich vorm Reden ein paar Stichpunkte zu machen. Überhaupt: Schreibt mit, um später anderen in der eigenen Gruppe berichten zu können.

Oft stehen Entscheidungen im Bündnis an, wo wir erst in unseren...

Quelle: Antifa Jugendfront (Hrsg.): Tips und Trix für Antifas, Berlin o. J.

Wer Nazis nachgibt oder animiert oder animierte oder aufgehetzte Nazis nicht aus dem Verkehr zieht, wird mit Sachschäden nicht unter Millionenhöhe bestraft.

Solingen, 1. Juni 1993

Sie mordeten und wir waren betroffen. Sie heizten die Stimmung der Mörder an und redeten eine Asylantenangst herbei. Sie mordeten weiter und wir beruhigten uns mit Lichterketten. Sie erfüllten die Forderung des Packs und strichen das Asylrecht de facto aus der Verfassung. Wieder morden sie und

nun reicht's!

"Sie" - das sind natürlich höchst unterschiedliche Herrschaften. Die einen haben Nadelstreifen und Ministergehälter. Die anderen, die für die Drecksarbeit, oft soviel Hirn wie Arbeit. Die einen besitzen Mitgliedsbücher von CDUSPDFDP, die anderen oft noch nicht einmal eines der Republikaner. Die einen wollen den "Zuzugsdruck auf die Bevölkerung fortnehmen", die anderen sagen ehrlich: Ausländer raus. Den einen sollen wir "Betroffenheit" abkaufen, die anderen als dumme Jungen und unwissende Verführte bedauern.

Sie haben ihre Polizei, um Autobahnen zu räumen, und ihre Feuerwehr, um brennende Barrikaden auf Straßenkreuzungen zu löschen. Sie werden "unnachgiebig Plünderer und Randalierer verfolgen". Sie können natürlich nicht überall sein, wenn AusländerInnen bedroht werden.

Gewalt löst keine Probleme???

Die Nazibanden haben doch gezeigt, wie gerne Politiker aller staatstragenden Parteien dem "Druck der Straße" weichen, wenn die Gewalt nur von rechts ausgeht. Sie waren es doch, die - wohl etwas drastisch, wie unfein - "Volkes Stimme" zum Ausdruck brachten, der jene Politiker Gehör schenken und das Grundgesetz verstümmeln mußten.

Ja, es trifft womöglich die Falschen. Der Solinger Ladenbesitzer, dessen Scheiben eingeworfen wurden, ist vermutlich kein Nazisympathisant. Ob ihn vielleicht ein kleines Solidaritätsplakat im Schaufenster verschont hätte? Ob die Wut der Opfer sich andere Ziele gesucht hätte, wenn nicht eine Handvoll, sondern zwanzigtausend deutsche Solinger Bürger mit den Opfern demonstriert hätten?

Vorsicht ist sicher auch angebracht, wenn türkische Faschisten ihr Süppchen kochen wollen, wenn auf deutschen mit türkischem Nationalismus und Anderenhaß geantwortet wird.

Die wichtigste Lehre von Solingen ist aber: Wir müssen uns wehren, wir können uns wehren! Besser es ist, den Nazis die Brandflaschen rechtzeitig aus der Hand zu schlagen. Notwendig ist es, den Damen und Herren Politikern allüberall übers Maul zu fahren, wenn Sie Fremdenhaß säen. Wenn sie aber wieder zuschlagen, brennen und morden, so müssen Wir werden es nicht mehr bei Lichterketten belassen! Fluchblatt Nr. 1 des Büros für Ungewöhnliche Maßnahmen (BUM!)

Dokument 3

Die Brandstifter sitzen in Bonn

Zwei Tage nach der Abschaffung des Asylrechts: Wieder Morde an AusländerInnen !
Vergessen wir nicht woher die rassistische Hetze kommt !
Es sind Bonner Politiker die sich die Nazi - Parolen zu eigen und hoffähig machen :
"Asylantenflut" ; "Ausländerschwemme" ; "Durchrassung" ; "Flüchtlingsstrom" !
Die Terroranschläge der Nazis sind die Konsequenz der Bonner Hetze !
Die Täter: Nazis! Die Verantwortlichen: Bonner Politiker !

Vergessen wir nicht wer den braunen Terror verharmlost !
Es sind Bonner Politiker, die von "fehlgeleiteten", "alkoholisierten" Jugendlichen oder
"Einzeltätern"sprechen. Plötzlich entdecken Politiker und Richter die Vorzüge der Re-
sozialisierung. Drei Täter von Rostock wurden freigesprochen. Nazi-Mörder erhielten
Bewährungsstrafen. Die Verharmlosung des braunen Terrors durch Politiker und
Justiz muß die Nazis zu neuen Verbrechen veranlassen : Allein in München gab es über
Pfingsten drei Brandanschläge auf Häuser ausländischer Bürger.
Die Täter: auch hier Nazis! Die Verantwortlichen: auch hier Bonner Politker!

Die Bundesregierung würde gern wieder in aller Welt für" Ordnung und Sicherheit"
sorgen. Das deutsche Modell für die neue Weltordnung heißt Rostock, Mölln, Solingen!

So wie die Lage ist, werden die Betroffenen ihre Sicherheit wohl selbst organisieren
müssen !! Also :
- **Organisiert den antifaschistischen Selbstschutz ! AusländerInnen, Behinderte, Flüchtlinge**
- **Frauen, Juden, Lesben und Schwule, Linke, Sinti und Roma - Gemeinsam gegen Rechts !!**
- **Grenzen auf und Bleiberecht für alle !**
- **Gleiche Rechte für Deutsche und AusländerInnen !**
- **Wiederherstellung Artikel 16 GG (Asylrecht) !**
- **Weg mit allen Sondergesetzen gegen Ausländer !**
- **Wahlrecht für Ausländer !**
- **Auflösung aller Sammellager !**
- **Keine Einschränkung der Leistungen für Asylbewerber - weg mit Gutscheinen, Sammel-**
  verpflegung usw.
- **Versteckt Flüchtlinge !**

Koordination Düsseldorfer Linke

(**Aktion Kaktus, Antifareferat des FH-ASTA, Autonome Antifa, DKP-Düsseldorf, Forum**
Ausländer und Deutsche gegen Rassismus, PDS/Linke Liste Düsseldorf, Terz-Düsseldorfer
Stadtzeitung, VSP-Düsseldorf, Reinhold Maigatte Mitgl. der GAL)

195

Ein Rockkonzert, `ne Kerze in der Hand,
jetzt einige Sätze zum Thema Widerstand

Am Mittwoch, dem 9.6.93 , demonstrierten in Köln 1500 Menschen gegen eine Veranstaltung der faschistischen "Deutschen Liga für Volk und Heimat - DL". Ziel der DemonstrantInnen war die Verhinderung der Veranstaltung. Trotz des friedlichen Verlaufs der Demonstration griffen SEK´s der Polizei die Demo an, verletzten mehrere Menschen und nahmen 80 Verhaftungen vor.

In Köln wandelten Menschen ihre Betroffenheit in Widerstand - und wurden dafür vom Staat bestraft. Das war nur konsequent, denn eins müßte spätestens nach Solingen und den darauffolgenden 70 'Ausschreitungen' gegen AusländerInnen (allein in NRW!!!) klar sein: Die Hauptschuld liegt bei den großen Parteien, bei CDUCSUFDPSPD. Diese haben gemeinsam mit den Medien durch ihre permanente Hetze, u.a. mit Begriffen wie Asylantenflut und Durchrassung[1], das Klima geschaffen, das erst die Abschaffung des Asylrechts und dann Solingen möglich gemacht hat.

Lichterketten und Rockkonzerte, so wichtig sie für ein antifaschistisches Klima auch sein mögen, erfüllen in erster Linie die Funktion ein positives Bild "der Deutschen" nach außen zu vermitteln.

Solingen war nur ein vorläufiger Höhepunkt in der politischen Entwicklung der BRD nach rechts. Wir erwarten weiterhin Terroranschläge der Faschisten und als Antwort darauf den Schrei nach dem starken Staat - dem Staat der Sondergesetze für AusländerInnen, dem Staat der Sammellager und Abschiebungen, dem Staat der Repression gegen AntifaschistInnen.

Dieser Staat will und wird den Rassismus nicht bekämpfen. Daher: Organisier Dich in einer antifaschistischen Gruppe - mach selbst Antifa-Arbeit und hilf, die Antifa-Arbeit zu finanzieren (z.B. mit Spenden auf das Konto Nr. 1001 3258 39 bei der Verbraucherbank Düsseldorf, BLZ 20 220 300, Stichwort: Antifa)

Wer zu Hause bleibt, wenn der Kampf beginnt
Und läßt andere kämpfen für seine Sache
Der muß sich vorsehen, denn
Wer den Kampf nicht geteilt hat
Der wird teilen die Niederlage.
Nicht einmal den Kampf vermeidet
Wer den Kampf vermeiden will: denn
Es wird kämpfen für die Sache des Feinds
Wer für seine eigene Sache nicht gekämpft hat.
B.Brecht

Leistet Widerstand gegen Rassismus und Faschismus !
Organisiert Euch !

Ein Flugblatt von
Aktion Kaktus
Postanschrift: Rochusstraße 43
4000 Düsseldorf

---

[1] Durchrassung, diesen Begriff verwendete Stoiber und wurde bayerischer Ministerpräsident

Entlarvt die Wegbereiter des Faschismus

"Der Weltuntergang 1945 in Blut und Feuer belastet jede irgendwie national argumentierende Bewegung"

"Für ein gutes Zusammenleben ist eine Distanz zwischen den Volksgruppen notwendig"

"Vorurteile haben eine wichtige, orientierende Funktion; ihre vereinfachende Wirkung ist angesichts der Kompliziertheit der modernen Welt notwendig"

"Die 'Nationalzeitung' und auch rechtsradikale Blätter handeln zweifellos verdienstvoll und nehmen berechtigte Interessen des deutschen Volkes wahr"

"Es besteht keine Notwendigkeit, das 'Haus der Geschichte' mehr als ohnehin vorgesehen mit der nationalsozialistischen Vergangenheit zu belasten"

"Die 'Republikaner' wird man nicht als eine extreme Partei bezeichnen können"

"Heute ist es aber eine wichtige Aufgabe der politischen Bildung, das Bewußtsein für die Gefahr unkontrollierter Zuwanderung zu wecken"

(Zitate von Hans-Helmuth Knütter)

Skandalöserweise ist Prof. Dr. Hans-Helmuth Knütter Dozent und Prüfungsberechtigter am Seminar für politische Wissenschaften der Bonner Uni. Skandalöserweise deshalb, weil er als rechter Ideologe geistige Munition für Neonazis bietet. So war er u.a. Mentor des "Ost-West Arbeitskreises", der unter Mitgliedschaft bekannter Bonner Neofaschisten Veranstaltungen z.B. mit dem Auschwitz-Leugner David Irving und dem Neonazi-Liedermacher Frank Rennicke durchführte. Die NRW-Landesregierung hat sich entschlossen, nicht gegen Knütter vorzugehen, und auch der Rektor der Bonner Uni bleibt eine angemessene Antwort schuldig. Das kann nicht überraschen. Knütters Thesen (s.o.) stehen durchaus nicht im Widerspruch zu der Politik dieses Staates, in dem massenhafte Abschiebungen und Brandanschläge Normalität sind.

Wir fordern, Knütter die Lehrbefugnis zu entziehen!

Demonstration

gegen den ideologischen Brandstifter Hans-Helmuth Knütter

Samstag, 23. Oktober, 11 Uhr

Friedensplatz

Bonner Aktionsbündnis gegen Rassismus und Fremdenhaß (AK Rechts-Freie Uni des ASTA, ALB-Autbergelomotorische Linke Bonn, ANTIFA, ARGIB-Antirassistische Gruppe in Bonn, Frauen gegen Abschiebung, LPSI-Liste Undogmatischer Studentlnnen, Rote Hilfe Bonn)

Abkürzungsverzeichnis

AdG	Archiv der Gegenwart
AJF	Antifa-Jugendfront
AL	Alternative Liste
BdA	Bund der Antifaschisten (nur östliche Bundesländer)
BdO	Bund deutscher Offiziere
BWK	Bund Westdeutscher Kommunisten
DBD	Demokratische Bauernpartei Deutschlands
DGB	Deutscher Gewerkschaftsbund
DKP	Deutsche Kommunistische Partei
DVU	Deutsche Volksunion
E.K.K.I.	Exekutionskomitee der Kommunistischen Internationale
FAP	Freiheitliche Arbeiterpartei
FAZ	Frankfurter Allgemeine Zeitung
FDJ	Freie Deutsche Jugend
Gestapo	Geheime Staatspolizei
GG	Grundgesetz
IVVdN	Interessenverband ehemaliger Teilnehmer am antifaschistischen Widerstand, Verfolgter des Naziregimes und Hinterbliebener
KB	Kommunistischer Bund
KPD	Kommunistische Partei Deutschlands
KPdSU	Kommunistische Partei der Sowjetunion
KZ	Konzentrationslager
LDD	Linke Deutschlanddiskussion
LDP	Liberal-Demokratische Partei
LDPD	Liberal-Demokratische Partei Deutschlands
LfV	Landesamt für Verfassungsschutz

MfS	Ministerium für Staatssicherheit
NATO	North Atlantic Treaty Organization
NDPD	National-Demokratische Partei Deutschlands
NKFD	Nationalkomitee Freies Deutschland
NPD	Nationaldemokratische Partei Deutschlands
NSDAP	Nationalsozialistische Deutsche Arbeiterpartei
NS	Nationalsozialismus
NVA	Nationale Volksarmee
RAF	Rote Armee Fraktion
RZ	Revolutionäre Zellen
SBZ	Sowjetisch Besetzte Zone
SDAJ	Sozialistische Deutsche Arbeiterjugend
SED-PDS	Sozialistische Einheitspartei Deutschlands – Partei des Demokratischen Sozialismus
SEW	Sozialistische Einheitspartei Westberlin
SMAD	Sowjetische Militäradministration Deutschlands
SpAD	Spartakist-Arbeiterpartei Deutschlands
SRP	Sozialistische Reichspartei
SS	Schutzstaffeln
taz	Tageszeitung
VVN-BdA	Vereinigung der Verfolgten des Naziregimes – Bund der Antifaschisten
VVN-VdA	Vereinigung der Verfolgten des Naziregimes – Vereinigung der Antifaschisten (ausschließlich in West-Berlin)
ZK	Zentralkomitee

Literaturverzeichnis

Ausschuß für deutsche Einheit (Hrsg.), Wie sieht es drüben aus? Wissenswertes über Westdeutschland. (Ost-)Berlin 1958

Ders. (Hrsg.), Jugendvergiftung als System. Eine Dokumentation über die Vorbereitung der westdeutschen Jugend auf einen neuen Krieg. (Ost-)Berlin 1960

Badstübner, Rolf, Entstehung und Entwicklung der Bundesrepublik Deutschland. Restauration und Spaltung 1945–1955. Köln 1979

Ders., Restaurationsapologie und Fortschrittsverteufelung. Frankfurt/M. 1978

Berlin. Chronik der Jahre 1959–1960. Berlin 1978

Bohnsack, Günter/Herbert Brehmer, Auftrag Irreführung. Wie die Stasi Politik im Westen machte. Hamburg 1992

Bundesgeschäftsstelle der CDU, Der deutsche Widerstand und die CDU. Bonn 1979

Bundesminister des Innern (Hrsg.), Bedeutung und Funktion des Antifaschismus. Bonn 1990

Cube von, Walter, Ich bitte um Widerspruch. Frankfurt/M. 1952

Eichholz, Dietrich (Hrsg.), Faschismusforschung. Positionen, Probleme, Polemik. (Ost-)Berlin 1980

Finn, Gerhard, Die politischen Häftlinge der Sowjetzone 1945–1949. Pfaffenhofen 1960 (Reprint Köln 1989)

Fricke, Karl-Wilhelm, Politik und Justiz in der DDR. Zur Geschichte der politischen Verfolgung 1945–1968. Köln 1979

Gerlach, Manfred, Standortbestimmung (hrsg. vom Sekretariat des Zentralvorstandes der Liberaldemokratischen Partei Deutschlands). (Ost-)Berlin 1989

Giordano, Ralph, Die zweite Schuld. Hamburg 1991

Gradl, Johann Baptist, Anfang unter dem Sowjetstern. Die CDU 1945–1948 in der sowjetischen Besatzungszone Deutschlands. Köln 1981

Haug, Wolfgang Fritz, Der hilflose Antifaschismus. Frankfurt/M. 1968

Heinemann, Karl-Heinz/Wilfried Schubarth (Hrsg.), Der antifaschistische Staat entläßt seine Kinder. Jugend und Rechtsextremismus in Ostdeutschland. Köln 1992

Heitzer, Heinz u. a. (Hrsg.), DDR-Werden und Wachsen. Zur Geschichte der Deutschen Demokratischen Republik. Frankfurt/M. 1975

Heym, Stefan, Auf Sand gebaut. Sieben Geschichten aus der unmittelbaren Vergangenheit. München 1990

Hildebrand, Klaus, Das Dritte Reich. München 1979

Jacobsen, Hans-Adolf, Der Zweite Weltkrieg. Grundzüge der Politik und Strategie in Dokumenten. Frankfurt/M. 1965

Janka, Walter, Schwierigkeiten mit der Wahrheit. Reinbek 1989

Kappelt, Olaf, Braunbuch DDR. Nazis in der DDR. Berlin 1981

Kleines politisches Wörterbuch. (Ost-)Berlin 1988

Knütter, Hans-Helmuth (Hrsg.), Antifaschismus als innen- und außenpolitisches Kampfmittel. Bornheim 1991

Ders., Deutschfeindlichkeit gestern, heute und morgen . . .? Asendorf 1991

Koch-Hillebrecht, Manfred, Der Stoff, aus dem die Dummheit ist. München 1978

Kratz, Peter/Raimund Hethey, In bester Gesellschaft. Antifa-Recherche zwischen Konservativismus und Neo-Faschismus. Göttingen 1991

Kuby, Erich, Der Preis der Einheit. Ein deutsches Europa formt sein Gesicht. Hamburg 1990

Leonhard, Wolfgang, Die Revolution entläßt ihre Kinder. Köln 1955

Martin, Alfred von, Abriß einer Soziologie der Intelligenz. In: Ders., Ordnung und Freiheit. Frankfurt/M. 1956

Müller, Ingo, Furchtbare Juristen. Die unbewältigte Vergangenheit unserer Justiz. München 1987

Nawiasky, Hans, Die Grundgedanken des Grundgesetzes für die Bundesrepublik Deutschland. Stuttgart 1950

Richter, Hans-Werner, Im Etablissement der Schmetterlinge. 21 Porträts aus der Gruppe 47. München 1986

Rudolph, Hagen, Die verpaßten Chancen. Die vergessene Geschichte der BRD. Hamburg 1979

Rüstow, Alexander, Ortsbestimmung der Gegenwart, Bd. 1. Erlenbach-Zürich 1950

Rüther, Günther (Hrsg.), Geschichte der christlich-demokratischen und christlich-sozialen Bewegung in Deutschland. Bonn 1987

Schneider, Wolfgang, Leipziger Demontagebuch. Leipzig/Weimar 1990

Schröder, Otto, Der Kampf der KPD in der Vorbereitung und Durchführung des Volksentscheides in Sachsen. Februar bis 30. Juni 1946. (Ost-)Berlin 1961

Sloterdijk, Peter, Kritik der zynischen Vernunft. Bd. 2, Frankfurt/M. 1983

Tetens, T. H., The New Germany and the Old Nazis. New York 1961

Trautmann, Günter (Hrsg.), Die häßlichen Deutschen? Deutschland im Spiegel der westlichen und östlichen Nachbarn. Darmstadt 1991

Ulbricht, Walter, Der faschistische deutsche Imperialismus 1933–1945. (Ost-)Berlin 1956

Ders., Zur Geschichte der deutschen Arbeiterbewegung. Aus Reden und Aufsätzen. (Ost-)Berlin 1955

Ders., Zur Geschichte der deutschen Arbeiterbewegung. Bd. II, 2. Zusatzband. (Ost-)Berlin 1968

Ders., Zur Geschichte der deutschen Arbeiterbewegung. Bd. III, 1946–1950. (Ost-)Berlin 1955

Ders., Zur Geschichte der neuesten Zeit. Bd. I, 1. Halbband. (Ost-)Berlin 1955

Untersuchungsausschuß freiheitlicher Juristen, Ehemalige Nationalsozialisten in Pankows Diensten. Berlin 1958

Weber, Hermann, Der deutsche Kommunismus. Dokumente. Köln/Berlin 1963

Ders., DDR. Dokumente zur Geschichte der Deutschen Demokratischen Republik. München 1980

Ders., Kleine Geschichte der DDR. Köln 1968 und Köln 1988

Weidenfeld, Werner/Karl Rudolf Korte (Hrsg.), Deutschland. Eine Nation – doppelte Geschichte. Materialien zum deutschen Selbstverständnis. Köln 1992

Personenregister

Adenauer, Konrad 14, 112, 119 f.
Adorno, Theodor W. 64
Arndt, Ernst Moritz 96

Badstübner, Rolf 100, 107 ff.
Bauer, Otto 17
Baumgarte, August 139
Beck, Ulrich 82
Berghofer, Wolfgang 133
Bethmann Hollweg, Theobald von 119
Bloch, Ernst 82
Brandt, Willy 119, 127
Brecht, Bertolt 196
Breschnew, Leonid 115
Brüning, Heinrich 119
Bülow, Bernhard Graf 119

Chruschtschow, Nikita 123
Churchill, Winston 122
Clausewitz, Carl von 96
Croissant, Klaus 144 f.

Demke, Bischof 133
Dimitroff, Georgi 17
Ditfurth, Jutta 136

Ebermann, Thomas 136
Eckhoff, Heinrich 42
Eichmann, Adolf 14, 121, 124 f.
Engels, Friedrich 41
Erhard, Ludwig 71, 116
Erlebach, Kurt 137

Faller, Kurt 163
Faulkner, William 123
Fischer, Oskar 27

Foerster, Friedrich Wilhelm 124
Foertsch, Friedrich 113
Fränkel, Wolfgang 121
Fromm, Erich 64

Gehlen, Arnold 61 f.
Gerlach, Manfred 27, 32 f.
Giammetteo, Fernando di 90
Gilges, Konrad 137
Giordano, Ralph 58
Globke, Hans 121, 125
Goerdeler, Carl 24 f.
Göring, Hermann 119
Grass, Günter 92, 134
Greiner, Ulrich 61
Gremliza, Hermann 93
Grosse (Delegierter) 104
Grubert, René 49
Gysi, Gregor 28, 92, 162

Habermas, Jürgen 92, 134
Hahn (Delegierter) 104
Hauff, Volker 87
Haug, Wolfgang Fritz 70
Hegel, Georg Wilhelm Friedrich 68, 73
Heitzer, Heinz 100
Hemingway, Ernest 123
Hermes, Andreas 104
Herrhausen, Alfred 88
Heusinger, Adolf 113, 121
Heym, Stefan 133 f.
Hiller, Kurt 67
Hindenburg, Paul von 119
Hitler, Adolf 17, 20, 25, 34, 97, 106, 112, 114 f., 118 ff., 123, 125 f., 145
Honecker, Erich 29

Karlheinz Weißmann

Rückruf in die Geschichte

Die deutsche Herausforderung: Alte Gefahren – neue Chancen

2. erw. Auflage, DM 29,80
Ullstein Buch 07514

„Weißmann hat ein kluges, das nationale Dilemma der Deutschen vorurteilslos beleuchtendes Buch geschrieben, das dem Leser keineswegs die nationalen Mentalitätshypotheken verschweigt, aber ihn auch nicht erneut und fruchtlos mit den abgenutzten Ritualen quälerischer Selbstverkleinerung konfrontiert."

Heimo Schwilk, WELT AM SONNTAG

„Ein Musterprodukt der intellektuellen Rechten . . . Man kann dem flott geschriebenen Traktat nicht vorhalten, seine Ziele zu verheimlichen."

Jürgen Gottschlich, die tageszeitung

„Eine fulminant-intellektuelle Kampfansage an die tonangebenden Eliten und Meinungslager der Republik."

Angar Graw, MUT

Ullstein